榊原英資
Sakakibara Eisuke

為替がわかれば世界がわかる

文藝春秋

為替がわかれば世界がわかる

◉目次

第三章 為替の予測など当たるはずがない

第四章 情報戦争で勝利する

第五章 為替の背後に・i n g の世界が見える

column

●はじめに

日々刻々と変わる為替市場の動きを〝読む〟ために、どのような方法があるのか。果たして為替市場とは〝読める〟ものなのか。そもそも為替市場を〝読む〟ことがなぜ重要なのか？

その答えを一言で言えば、「為替がわかれば世界がわかる」という、まさに本書のタイトル通りになります。私は、自分が為替市場についてわかっているし、したがって世界の動きもすべてわかっているなどと大口を叩くつもりはありません。むしろ短期的な予測がはずれることさえままあります。しかし、世界の動きがわからなければ為替の動きがわからないし、為替の動きがわからなければ、世界の動きを人々がどうとらえているかもわからないでしょう。

円高、円安によって直接の利害がある――たとえば輸出産業に携わったり、海外旅行に出かけようとする人たちは、当然、為替市場に敏感にならざるを得ない。でも、直接の利害関係のない人たちが「さしあたって私には関係がない」と思っているとしたら、それは違うと言いたいのです。また「円高も円安も、私がどうジタバタしてもなるようにしかならない」と考えている人たちに対しても、ちょっと待ってくださいと言いたくなるのです。

もちろん、一個人が為替市場の動向を左右できるはずはない。その意味では「私とは関係がない」「なるようにしかならない」といった言葉が出てくる理由もあります。けれど、為替ほど、世界と日本のあらゆる事象、あらゆる情報と関係が深いものはないのです。経済は言うまでもないし、政治も社会的事件も、国際関係におけるさまざまな出来事も、すべてが為替市場に影響を及ぼします。直接に影響が及ばず、円高にも円安にも振れないときでさえ「市場には変化が見られない」という形で、実はある種の影響を与えているのです。そう考えると、為替市場を〝読む〟ことは〝読めない〟ことを含めて、きわめてスリリングな知的ゲームであることがおわかりいただけると思います。

為替がわかれば世界がわかる

ブックデザイン　征矢　武
関口信介
編集協力　山口哲男

第一章

為替市場は「美人投票」である

本章の
キーワード

Reflexivity（相互作用性）

と

Fallibility（誤謬性）

① みんながそう思えばそうなる

●誰もが気になる為替相場

　為替政策を統括する大蔵省財務官を辞めてもう三年以上になりますが、役所時代と同じように朝九時には大学に出勤し、前日のNY市場の終値と、この日開き始めたシドニーなど世界の金融市場の動きをかならずチェックしています。毎朝の行動パターンはこの一〇年間、ほとんど変わっていません。おまけに、夜はポケット・ロイターを見てから寝るのが癖になっています。私の場合は特別かもしれませんが、最近はTVニュースなどで「本日の東京市場は一ドル一一五円で二〇銭の円高」というふうに、為替相場の概略を報じるようになりました。いまや年間一七〇〇万人以上の日本人が海外に旅行し、日本を訪れる外国人も五〇〇万人に達する時代とあって、為替相場は、天気や気温と同じように誰もが気になる生活指標の一つになっています。

　TVニュースで東京市場と呼ばれているのは、株取引における東京証券取引所のように何か特別の場所、特別の建物を指しているのではありません。銀行やその委託を受けたディーラー、ブローカー（為替の売買を行う業者）、機関投資家、個人投資家などがプレーヤーとして参加するテレフォンあるいはコンピュータ・ネットワーク上で、集中的に外国通貨の取引が行われている地域、それが東京地域であるというほどの意味です。

そのようなバーチャルな市場で取引される為替取引には、大きく分けて①銀行と顧客の取引、②銀行間（インターバンク）取引、の二つがあります。外為取引の七割から八割は後者の銀行間取引、それも海外の銀行との取引がかなりの部分を占めていると考えてよいでしょう。

バーチャルなこの為替市場で、円が大量に売られたときは為替相場が円安に振れ、逆に買い一色のときは円高に傾きます。その動きがあまりに激しいときに、よくＴＶニュースでは短資会社や銀行のディーリングルームを現場中継します。もちろんそれは東京市場のほんの一部にすぎません。

アジア最大の東京市場ともなれば、世界各国から無数のプレーヤーがネットワークを通じて参加してきます。その中には、巨大な資金を動かす政府の通貨当局もいれば、ハイリスク・ハイリターンの投資利益を狙って活躍するヘッジファンドのような投機筋もいます。きわめてバラエティに富んだ参加者が多数いるわけです。これら不特定多数のプレーヤーの思惑がからみあって、円・ドル相場やドル・ユーロ相場などが決まっていくことになります。

●美人は誰が決める?

為替市場についてまず知っておいていただきたいのは、為替相場が個々の市場参加者のきわめて主観的な判断の集合によって決まっていくということです。ただ、「主観的」とは、主体的という意味でもないし、恣意的(勝手気まま)という意味でもありません。この点は大切なポイントですから、徐々に述べていくことにして、一般に「市場」という言葉を用いるとき、私たちは「モノとモノを売買する場所」をイメージしています。経済学の教科書でも、「市場とは、商品の売り手と買い手がその価格と数量を決定すべく相互に関係し合うところの仕組みである」(P・サミュエルソン、都留重人訳『経済学』岩波書店)と定義されるのが普通です。

ところが、為替市場ではモノではなくマネー、それも外国通貨が売買されます。この場合、為替市場で扱う外国通貨は人為的な無形商品です。モノ市場で売買される商品のように、ある程度客観的な生産・流通コストが価格に反映されるわけではありません。為替市場も売り手と買い手の均衡によって価格が決まるのには違いがないのですが、実体であるモノを離れたバーチャルな市場だから、いちじるしく流動的、相対的、主観的なものになりがちです。
そのことを、イギリスの経済学者ジョン・メイナード・ケインズは、一九三六年に上梓された『雇用・利子および貨幣の一般理論』の中で、次のように述べています。
〈玄人筋の行う投資は、投票者が一〇〇枚の写真の中から最も容貌の美しい六人を選び、その選択が投票者全体の平均的な好みに最も近かった者に賞品が与えられるという新聞投票に見立てることができよう。この場合、各投票者は彼自身が最も美しいと思う容貌を選ぶのではなく、他の投票者の好みに最もよく合うと思う容貌を選択しなければならず、しかも投票者のすべてが問題を同じ観点から眺めているのである〉（塩野谷祐一訳、東洋経済新報社）
ケインズの言うこの有名な「美人投票」の例を別の言葉で言えば、一種のゲーム、それも「みんながどう思っているかということを、みんなで当てる」という情報ゲームと解釈することができます。以前、「クイズ　一〇〇人に聞きました」というテレビ番組がありました。たとえば「外国の都市ならどこへ行ってみたいですか」といった質問を一〇〇人に尋ね、その一〇〇人の回答をクイズ参加者が当てるのです。基本的に美人投票はこれと同じです。つまり、市場に参加する多くのプレーヤーが「この状況はドル安だ」と思い込めば、少くとも短期的には、その方向に相場が一斉に動くということです。クイズ番組の場合は上位から一〇位までの回答がOKでしたが、マーケットのほうは売りか買いか、二つに一つです。そこにモノの市場とは異なる為替市場の特質があります。

もちろん、その相場がとんでもないデマやニセ情報を全員が信じてしまったことから形成されたような場合は、すぐにウソが発覚して崩壊し、別の新しい相場展開に移るでしょう。なぜそんなことが起きるのか——。

それは、古典派経済学（個人の利己心を経済の発達の原動力とみなす経済学、アダム・スミス等が体系化）や新古典派経済学（古典派経済学をより精緻化、数学化したもの。ポール・サミュエルソン等がケインズ等の展開を踏まえて作っていった）が想定するようには、人間はいつも合理的に行動するとは限らないからです。しかも、社会の中でお互いに影響し合って暮らしていますから、独立した個人の考えも絶えず修正されます。その結果、個人の集合である全体の動きは複雑になり、この先どういう展開になるのか、将来のことは非常に不確実で、誰も正確な予測はできない、というのが本当のところなのです。

為替市場はいまや地球規模に広がり、いつ誰が参加しているのか捕捉のしようもありません。誰にもコントロールできない、最も自由な市場です。

政府が介入すればある程度為替相場を支配できると言う人もいます。確かに通貨当局は巨額の資金を動かす市場参加者であることは間違いありません。私は一日に最大二〇〇億ドル近くの介入をしたことがあります。一ドル一二〇円とすれば三兆円近い。ソロスのファンドでも実額ではなかなかそこまでは使えないでしょう。ですから強力な参加者ではあるけれど、全体の為替取引からすれば小さなものなのです。世界中で取引される為替の量は一日一五〇兆円を超え二〇〇兆円くらいだと言われています。したがって為替当局といえども市場を支配する力は全《まった》く持っていないのです。

では為替市場が予測不可能であるとして、私たちはまったくなすすべはないのでしょうか。天変地異と同じように、何の脈絡もなく相場は変動するのでしょうか。

むろんそんなことはないのです。美人投票の例をとると、誰が見ても美人だと思う人は何人かいるでしょう。「行ってみたい外国の都市」と言えば、パリとかロンドン、ローマ、ニューヨーク……などが、たいていの人の心に浮かぶのと同じです。つまり、ある種の方向性というか、見当は直感できる。さらに、「美人」の基準は、民族の好みや時代の流行を反映することも確かです。顔の好みよりも、スタイルの良さが重視されたり、ずっと西欧の女性がコンテストで優勝しているから、今度はアジアかアフリカから選ばれるかもしれないという予測も考えられます。あるいは、容貌に加えて、スピーチの優劣が最終的な決め手になるといった傾向もあり得ます。これらすべての要因を加味した上で、美人投票が行われるとすれば、少なくとも何がしかの予測、もしくは長期的なトレンドを見てとることはできるはずです。市場においても、某月某日某時刻の円・ドル相場を正確に当てることは難しいとしても、ゲームに参加する以上、自らの情報を総動員し、自分なりの予測を立てることは可能です。そうした作業を通して、長期的なトレンドを自分なりに把握することは決して無意味ではないし、為替市場のみならず、多種多様な情報ゲームに対する応用もきくと思います。

それにしても、「市場は美人投票」とは、ケインズも粋なことを言ったものです。実は、美人の基準は決して客観的なものではなく、時代によって、あるいは、地域によって大きく変化するものです。たとえば、南太平洋の島国では適度な肥満は美人の条件ですし、江戸時代の日本では、鳩胸・出尻は不美人の象徴でした。

また、美人の基準にも流行があります。八頭身がファッションだったときもありますし、小顔がはやるときもあります。他の流行と同じように、美人の条件もまた、人によって作られ、時代とともに変わっていくのです。そして、何よりも重要なことは、多くの人がこういう人が美人だと思うことであり、この意味で、美人の基準は客観的なものではなく、主観的なものなのです。もちろん、蓼食う虫も好き好きということで、世の中で美人といわれない人を美人と思うことは勝手ですが、そういう人はビューティー・コンテストの審査員にはなれません。

少なくとも、市場では、人と違う好みを貫けば、損をすることになります。市場で勝つということ、あるいは、儲けるということは、多くの人の好みに乗る、あるいはそれを作り出すということなのです。つまり、美人投票の結果を読んで、自分も勝ち馬に投票するということなのです。そして、本当に儲けるためには、安いときに買って、高いときに売らなくてはなりませんから、みんなが美人だと思っていなかった人を早いうちからつかまえて、みんなを説得して美人投票に勝たせ、投票に勝ったら、早いうちに次の美人をつかまえるのが一番いいのです。もちろん、そんなうまいことがいつもできる訳はありませんから、少なくとも、みんなの好みを理解して、大きな流れにはずれないようにしなければならないのです。しかし、好みは主観的でしかも流行があります。美人投票の結果をいつもうまく当てるのは、決してそんなに簡単なことではありません。

②ジョージ・ソロスの市場の見方

●ソロスの印象

為替市場が他人の判断に影響されやすく、不確実で未来の読めないものであることを、じつは誰よりもよく知っている人物がいます。一九九〇年代、米国のヘッジファンド、クォンタム・ファンドの総帥として世界の金融市場を震撼させた、あのジョージ・ソロスです。

私がジョージ・ソロスと初めて会ったのは一九九五年の秋、まだ、私が国際金融局長になって間もない頃でした。まだ、その当時ソロスは現役で、右腕のドラッケンミューラーとともに、いわゆるマクロ・ファンドのクォンタム・ファンドを運営していました。ニューヨークのオフィスで会った時の印象は、全く予期に反したものでした。実に温厚で、インテリジェントな初老の紳士という感じで、市場や為替の話というより、世界経済、アメリカ経済、日本経済の話をおだやかに、しかも、人の話にもじっくり耳を傾けながら展開していくのです。時々、ドラッケンミューラーが鋭いコメントをするのですが、ソロスは商売よりは、知的会話に興味があるという感じで、対話をしていくのでした。

実は、彼が深い教養をもった本当のインテリだという強いインパクトを受けたのは、初対面から三年経った九八年一〇月、やはり、ニューヨークで彼と会ったときでした。その当時、ロシア危機に続いて、ブラジル危機が起こり、ウォール街もLTCM（ロング・ターム・キャピタル・マネジメント）の破綻をきっかけに大きく落ち込んでいたときでした。ソロス自身のファンドも大きな損失を被っていたときです。珍しく沈んでいたソロスは、

「榊原さん、これは、ギリシャ悲劇だ。誰もが悲劇的な結末になることはわかっているのだが誰も何もできない。やはり、市場万能主義が支配するにいたってしまったこのシステムは一度はこうならざるを得ないのだろうか」

と語りかけたのです。荒れ狂う市場の中心にいた彼だからこそ言えることだったかもしれませんが、そこにいたのは「投機家・ソロス」ではなく、「哲学者・ソロス」でした。

現在はソロス・ファンドマネージメントLLCの会長としてクォンタム・ファンド・グループ投資顧問を務めています。投機活動の第一線からは距離を置き、活動の中心はもっぱら自分の資金で世界三一カ国に設立した「オープン・ソサエティ」財団の主宰者、フィ

ランソロピスト（慈善事業家）として、途上国の若者たちの教育支援や復興支援活動に精力を傾けているようです。投機家とフィランソロピスト、この二つの事業についてさまざまなコメントはあるのですが、どちらもが桁外れのスケールであることに驚きます。

ソロスのプロフィールは数冊に及ぶ彼自身の著作で明らかにされています。それによりますと、ソロスは一九三〇年、ハンガリーの首都ブダペストに生まれています。ソロスの青春期は受難の時代でした。第二次世界大戦中はナチスに追われ、終戦後はソ連軍の占領下での社会生活を強いられました。

「こんな息苦しい社会では生きてゆけない！　そうだイギリスに行こう」

そう決意したソロス少年は、ハンガリーから脱出し、スイス経由でイギリスに向かいます。ロンドンでは、保線区員などさまざまなアルバイトをしながらロンドン大学スクール・オブ・エコノミクスに通いました。

この大学には、ソロスが生涯尊敬してやまなかった哲学者カール・ポパー教授がいました。ポパーはアンリ・ベルグソンが『道徳と宗教の二源泉』（白水社）の中で用いた「オープン・ソサエティ」の概念を発展させ、『The Open Society and Its Enemies』（邦題『開かれた社会とその敵』未来社）という本を書いて、「物事は不確実で、人間はかならず間違う。だからその間違いを認めて、それをつねに修正していくオープン・ソサエティこそ理想の社会である」と論じました。

そのオープン・ソサエティの対極にあるのが、共産主義国家のような全体主義社会です。ポパーは全体主義社会を「究極的真理はわれわれにありと主張するイデオロギーによってオープン・ソサエティを脅かす」と批判しました。この考え方に共鳴したソロスは、むさぼるようにポパーの著作を読み、自らの思想形成の核を作ったと言います。

ロンドン大学卒業後はしばらくイギリスの証券会社で働き、やがて五六年にアメリカに移住。その後、自ら設立したクォンタム・ファンドの運営を通じて莫大な資産を築き上げるにいたるのですが、ソロスを一躍有名にしたのは、何と言っても九二年の英国ポンド危機でしょう。

この年のポンド急落に際して、ソロスは英国政府を相手に大相場を張りました。ポンドの価格を維持したい英国政府と、ポンドに売りを浴びせるソロスという闘いの図式は、結局、ソロス側の大勝利に終わり、英国はERM（為替変動を一定のレンジに押さえ込むための欧州為替相場メカニズム）からの離脱を余儀なくされました。ソロスはこのとき、二〇億ドル以上の利益を手にしたと言われます。

●ソロスはなぜ「怪物」になったか?

イギリス国家を相手にしたこの大勝負の後、ソロスは国際金融の世界で伝説上の怪物になりました。九〇年代、世界の金融市場では、ソロスが動いたという噂だけで相場が上がる時期があったくらいです。

なぜソロスは、金融市場の怪物にのし上がったのか。私の見るところ、ソロスは他のトレーダーにはない独特の市場観を持っています。それが成功を呼び寄せた最大の要因ではないでしょうか。

ソロスは、前述のように全体主義イデオロギーに反対するポパーの「Open Society(開かれた社会)」の思想には早くから共鳴していました。その命題に自分なりの思索を重ね、たどりついたのが、Fallibility(誤謬性)とReflexivity(相互作用性)という二つの概念でした。こう書くと何だか難しそうですが、この二つは為替市場を読む上でとても重要なことです。出たとこ勝負、第六感で相場に臨む者が多い中でソロスは本質的な一つの哲学をもって市場に対峙していたのです。

Fallibility(誤謬性)とは、人間の知識は不完全で間違いやすいこと、このため「一定の条件下で同じ現象を繰り返す」という再現性の原理を前提にした自然科学のようには、次の展開を予測できず、予測しても間違ってしまうというものです。成功よりも失敗のほうに情報は多いと言いますから、間違えばまた新しい情報が入るので新しい展開が可能になると考えられます。

一方のReflexivity（相互作用性）は、期待と現実、あるいは人間と人間とは相互に影響し合って動くという考え方です。古典派・新古典派経済学は、個人・企業をお互いに独立して影響し合うこともない、あたかも自然現象のように合理的な行動をするものと想定して理論を組み立てるので、どうしても非現実的になりがちです。

これに対し、ソロスのReflexivity（相互作用性）の考え方は、より柔軟に市場と市場に参加する人間たちを見つめようとしているのです。

Reflexivity（相互作用性）について、ソロス自身はこう述べています。

〈われわれは自らが理解しようとする世界の一部であり、われわれの不完全な理解がわれわれの参加する事件の形成に積極的な役割を果たす。われわれの理解とこれらの事件の間には双方向の相互作用があり、それが両方に不確定要素を持ち込む。

これによって、われわれは決定の基礎を知識に置くことができなくなり、われわれの行動は意図しない結果を招きがちになる。これら二つの効果は互いに増幅しあう。私はこの双方向のフィードバック・メカニズムを相互作用性（Reflexivity）と名付けた〉（『ソロスの資本主義改革論』日本経済新聞社）

カール・ポパーに学んだ哲学の素養と豊かな市場経験、現場を踏まえたソロスの市場観には、新古典派エコノミストには持ちえない独特な味わいがあります。このような哲学的な人物だからこそ、英国政府と対立してもまったくひるまず、むしろ、当局側のあやまち・読み違えを正すために死にもの狂いで闘えるのでしょう。

ところで、伝説の投機家ソロスでも、相場の世界では百戦百勝というわけにはいきません。九八年八月から九月にかけてロシアで起きたロシア・ルーブル危機では、大変な損失を被っています。前述した「ギリシャ悲劇」のコメントがあったのもその直前でした。ソロスは、自分の身をもってFallibility（誤謬性）とReflexivity（相互作用性）の両方を体験したということでしょう。

ソロスは前述したニューヨーク事務所のドラッケンミューラー、ロンドンのロディティ、のちにブラジル中央銀行の総裁になるフラガ等、若くて優秀な部下を多くもっていました。彼らはそれぞれ、ソロスのもとでかなりの裁量権を与えられて、大きなポジション（リスク）を張って活躍していたのです。

瞬間的な判断力と反射神経を必要とする現場の若い力と、経験豊かなソロスの知恵がうまくかみ合って、世界を震撼させた伝説的な投機の世界が作られていったのです。いや、投機という言葉はかならずしも適切ではないのかもしれません。グローバルな金融市場の中で、大きなリスクを取りつつ高収益を上げようとする、資本主義市場システムには不可欠な投資活動だと言うことができるのでしょう。

為替当局という、彼らとは時とすると逆の立場に立って戦わなければならなかった私がこういうことを言うと不思議に思われるかもしれません。しかし、同じプロとして立場は違っても相手の力量と見識を認めるということはどの世界にでもあることではないでしょうか。ソロスの弟子だったフラガは、ブラジル中央銀行総裁に就任しています。九八年秋、IMFがブラジル危機に際し支援を決定した直後でした。ヘッジファンドというと、すべて悪玉、まるでハゲタカのような非常に悪いイメージを持ちがちですが、金融市場を熟知しているプロという高い評価があるからこそ、フラガがブラジル中央銀行総裁に招聘されたのです。

実際にフラガは、金融危機のブラジルをよくマネージして立ち直らせることに成功しています。フラガはソロスの下で為替取引を手がけていましたから、裏も表もよくわかっている。いままでは、並みいる歴代の中央銀行総裁の中でもっとも有能な総裁という声も上がっているくらいです。

ところが、アルゼンチン危機の余波で二〇〇二年の夏、ふたたびブラジルが金融不安に陥りました。ブラジルの債務総額はGDPの六〇％近くにも達し、そのうちの三五％が二〇〇二年内に償還期限を迎えるという状況にいたったのです。その緊急対応策としてIMFは三〇〇億ドルの追加支援をまとめましたが、例によって融資条件として金利水準を下げないこと、すなわち金融引き締めの継続を要請しています。これではブラジルの景気は高金利によってますます悪化し、債務の対GDP比はさらに悪化する可能性すらあります。

後述するように、こうしたIMFのやり方には私も疑問を持っています。新たなブラジル危機を座視できなかったのか、ジョージ・ソロスは日本の朝日新聞八月二七日付「私の視点」欄に投稿し、先進国の中央銀行がブラジルの債務軽減のために協力すべきだと訴えていました。中央銀行総裁もヘッジファンドも、実は、国際金融という一つの世界のプロフェッショナルであるという意味では仲間うち、あるいは国際金融マフィアたちなのだということを理解すること、とくに市場において単純な善悪の判断が成立しないということを知るべきでしょう。

③ ロバート・ルービンの人生哲学

●ウォール街へのパワー・シフト

これまでに出会った市場関係者の中で、ジョージ・ソロスと並ぶ傑出した人物を挙げるとすれば、クリントン政権時代に財務長官を務めたロバート・ルービンは、間違いなくその一人です。九〇年代後半の世界経済を考える上で、彼は欠かせないメンバーの一人だと言えるでしょう。

ロバート・ルービンは切れ者というそのイメージとは正反対のきわめて物静かな紳士です。もちろん、芯は非常に強いのですが、人の言うことにじっくり耳をかたむけ、決して性急な自己主張をしません。この点では、多くのアメリカのエリートたちとはまったく違う面を持っていました。G7の大蔵大臣会合でも、彼は代理のローレンス・サマーズにアメリカ政府の発言の半分以上をさせます。この会議では、どんな優秀でベテランの代理でも、大臣に遠慮して例外的にしか発言しないのですが、ルービン・サマーズのコンビだけは別でした。もちろん、サマーズがきわめて才能豊かな人物で、天才的な雄弁術を持っていたということもあるのですが、ルービンの内に自信を秘めた一歩引いた、どちらかというと調整型の性格によるところも大きかったようです。

調整型というと日本的リーダーという感じを持たれるでしょうが、下に任せてお神輿に乗るといったタイプではありません。充分議論を尽くして、最後は自分で決断するのです。しかし、そのためには、情報を最大限集め、逆の立場の認識も充分聞こうというわけです。

こういう哲学を持っているからでしょうか、G7でも彼は議論することを好み、一方的演説を嫌いました。日本の大蔵大臣の中には、こういった場面での議論が苦手な人もいて、一方的に用意された原稿を読み上げたりすると、ルービンが嫌な顔をして大臣の隣の席に座っている私に「何とかしろ」とサインを送ってきたことも少なくありませんでした。

ルービンは、一九三八年ニューヨーク生まれで、ハーバード大学、エール大学と二つの大学を卒業後、ニューヨークの法律事務所に入ります。次いでゴールドマン・サックスに移って債券の裁定取引（市場間の価格差を利用して利益を出す債券取引）を得意とするディーラーになっています。

それから四半世紀を実力主義のウォール街で過ごし、ゴールドマン・サックスでは共同会長（複数で経営権を持つ会長職の一人）にまでのぼりつめます。九三年からは政権に参加し、クリントン大統領の経済安全保障担当補佐官に就任。九五年一月には財務長官に昇格しました。

ルービンが財務長官になる前まで、クリントン政権内で経済政策の主導権を握っていたのはミッキー・カンター通商代表部代表らのグループでした。彼らはアメリカの輸出産業や製造業の利益を代表しており、日米通商交渉などでも非常に強硬な姿勢を示しました。

その一つの節目が、九四年二月、日本の細川護熙首相とクリントン大統領の間で行われた通商交渉でした。細川首相はアメリカの要求する数値目標を拒否し、交渉が決裂した直後から為替相場が動き出します。円ドル相場が一気に円高に傾いた。この背後には、カンター通商代表らの意向が見え隠れします。

ところが、ウォール街はこのドル安政策に反対でした。弱いドルの下では海外からの資本流入を呼び込むことができず、株式市場も活性化しません。ドル高・高金利であってこそ、世界の資金は為替差益と高利回りを求めてアメリカに流入してくるのです。

そんな折に、メキシコ、アルゼンチンで金融危機が連鎖的に起きます。ドルが一ドル一〇〇円を切るまでに弱くなり、アメリカの金融システムにも影響が出かねない状況になってきます。そうしたウォール街の不満を代弁したのがルービンでした。財務長官就任を諮る議会で、ルービンは次のように宣言します。

「ドル高はアメリカの国益である。アメリカは通商政策の道具として為替レートを使うべきではない」

以後、ルービンはありとあらゆる機会をとらえて「強いドルはアメリカの国益だ」と言い続けました。いわば口先介入ですが、これはカンターら通商派の経済政策に対する反対声明でもありました。実際、財務長官に就任すると、ルービンはローレンス・サマーズ副長官とのコンビで、クリントン政権の経済運営を従来の通商重視から金融重視へと転換させたのです。初期のクリントン政権内で明らかにパワー・シフトが起きたのです。よくアメリカ一極支配批判の一つとして、八五年のプラザ合意以来、一貫してアメリカの金融政策が日本を支配してきたと言う論者がいますが、それはこうした劇的なパワー・シフトを無視した言い方です。

この政策転換がウォール街を活気づけ、やがて九〇年代後半の「一人勝ちのアメリカ経済」と言われた未曾有の繁栄をもたらしたのでした。

ルービンの市場哲学は、一言で言えば「すべては確率である」ということに尽きます。それがいかに徹底していたかは、財務長官を辞める直前の九九年七月にペンシルベニア大学の卒業式で行った記念講演の記録からもわかります。同大学の学内報「The Pennsylvania GAZETTE」九九年七・八月号は、「不確実性における確実性について」と題したルービンのスピーチを次のように伝えています。

〈第二四三回卒業式に出席したロバート・E・ルービン米国財務長官は、そのスピーチで語った。彼の父が大学に通っていたときのこと。有名な哲学の教授の授業を選択した。その最初の授業でその教授は「部屋の正面にある机が存在していることが証明可能かどうか」ということについて論じていた。「私の父はとても明晰な頭脳の持ち主であり、かつ現実的でした。そこで彼は部屋の前に出ると手でテーブルをコンコンと叩き、そしてその授業をとるのを止めてしまったのです」

ルービン氏自身も大学で哲学の授業を選択した。しかし、彼は父とは別の考え方をするようになった。

「私は絶対確実なことなどない、と信じています」

民主・共和両方の政権において悪化し続けてきた財政危機を克服し、失業率を低下させて米国の高度成長と低インフレに貢献した彼はこう語った。

「このものの見方が私を、ウォール街の裁定取引の世界へ、ホワイトハウス顧問へ、そして現在の職へと導いたのです（付け加えると、彼は今月、家族とより多くの時間を過ごすため現職から引退することを発表した）」

「絶対確実なことがない、ということは即ち、すべての事象は異なるさまざまな現象の確率を判断することに他なりません。そしてそのそれぞれのコストと利益を勘案すること、この考え方を基本とすれば良い選択をすることができるのです」――〉

●「グッド・リスナー」が成功の鍵

ものごとはすべて確率論として見るべきで、絶対に正しいということはあり得ない――というルービンの考え方は、ジョージ・ソロスのそれときわめてよく似ています。市場を知り尽くした男たちは、どこかでそういう達観を手にするのでしょう。

ルービンの財務長官時代、私はG7などでしばしば会っていますが、ルービンと名コンビを組んでいたローレンス・サマーズ財務副長官や、その下で働いていたティム・ガイトナー国際問題担当財務次官の話を聞くと、「ルービンはよく他人の話を聞く。グッド・リスナーだ」というのが共通した人物評価でした。

相手の話をよく聞く人には、周囲から自然に良い情報が入ってくると言います。政策決定者にとって、市場の声を聞く、あるいは市場とコミュニケートすることはきわめて重要なことです。また、マーケットで成功する人の多くもこのグッド・リスナー型であり、ものごとが不確実でかぎりなく確率論の世界に近いことを熟知しているタイプです。

投資行動にせよ、政策の実施にせよ、その行動に効果を持たせるには、他の市場関係者の意見をふまえて、ゲームの相手は誰なのかを意識しつつ行動しなければ成功しません。理論的に正しい政策がおのずと形成されるわけではないのです。

ルービンは財務長官を辞めたのち、アメリカ最大の金融グループであるシティグループの経営執行委員会会長に就任します。その後に、足掛け五年間におよぶ財務長官時代を回顧した彼の話の中に、「あれは私の経験の中でももっとも難しい決断の一つだった」と苦衷の胸のうちを吐露した一つのエピソードが登場します。

それは九八年の六月一七日、二日前の一五日に円ドル相場が一ドル＝一四七円になったのを引き戻すために行った日米協調介入を指しています。この協調介入には、私も大蔵省財務官として関係しているので他人事ではありません。市場の自律性を尊重することを信条とするルービンにとって、それは重く、辛い決断だったようです。

日本の金融システムが崩壊しかけ、大きな円安の流れが出来かけていたこの時期、この介入がはたして効果的かどうか（短期的にはともかく、中期的にその効果が持続するかどうか）はかなり疑問でした。ぎりぎりのところに立っていた日本側の私は必死でしたが、ルービンは最後まで確信が持てないようでした。私とサマーズが合意し、当時の松永大蔵大臣にルービンに電話をしてもらったときも色よい返事がもらえずあわてたことを憶えています。クリントン訪中がひかえていたこと、中国もこれ以上の円安になると、場合によると元のレートをいじらざるを得ないことをアメリカに伝えたことなどもあって、最後にルービンは苦渋の決断をし、私共は助かるのですが、毅然として政策決定をしているようにみえる場合でも、本人は最大限の情報を集めた上で、なお、迷っているということは、しばしばあるのです。絶対確実なことは何もないと信じているルービンのような優れたリーダーであればある程、迷い、しかも迷うがゆえに最大限の情報を集め最後には自分の責任で決定するのです。それが、その時点でのベストの判断であるという点で自信は持っているものの、確実なことは何もないという点では、当然間違うこともあり得るのです。

④ 情報の非対称性等が市場を不完全にする

●スティグリッツの情報経済学

旧聞に属することですが、二〇〇一年のノーベル経済学賞は、現在コロンビア大学教授のジョセフ・E・スティグリッツと、G・A・アカロフ、A・M・スペンスの三人が受賞しました。「情報のあり方が市場に与える影響を解明しようとする新しい情報経済学に道を開いた」というのが受賞の理由です。三人のうちスティグリッツは、以前クリントン政権の大統領経済諮問委員会の委員長、さらには世界銀行副総裁をしていたので、私もよく知っている天才肌の経済学者です。

ジョセフ・スティグリッツは一見好好爺風のきわめてきさくな性格の持ち主です。服装や外見にはあまりこだわらず、世事には無頓着、いかにも学者といった感じですが、それだけに、自分の主張についてはこれを頑ななまでに守り、政治的妥協を好みません。私が彼と親しくなったのも、東アジア危機の最中、世界銀行のチーフ・エコノミストという要職にありながら、彼がＩＭＦやアメリカ財務省の政策を鋭く批判し続けたからでした。当時、日本政府もまた、その責任者の一人だった私も、ＩＭＦにはきわめて不満で、少なくとも内部の会議では鋭くＩＭＦと対立することがしばしばでした。一九九七年秋、東京のイタリアンレストランでスティグリッツと会食し、

「お互いに連絡を密にしながら、ワシントン・コンセンサス（アメリカ財務省・ＩＭＦ・世界銀行などを中心とした、つまりワシントンにベースを置く機関を中枢にした、市場原理主義的政策体系）の過ちを正していこう」

と約したのを、今でもはっきりと憶えています。彼は、この東アジア危機の時以来の主張を近著『世界を不幸にしたグローバリズムの正体』（徳間書店）で激しく展開し、論争を巻き起こしています。また、そうした批判をさらに深め、現在のマクロ経済学、特に金融論を理論的に修正すべく、『New Paradigm for Monetary Economics』（金融経済学の新しい理論）をケンブリッジ大学出版局から、近々出版する予定にしています。私も、新古典派経済学、とくにその市場原理主義的側面には常々批判を持っていましたし、また、東アジア危機などで、その理論に基づく政策が実行され不必要な混乱を引き起こしたことを身を以って体験したので、スティグリッツの多くの主張にはまったく異論はありません。そして、そうした政策的批判を、理論のレベルにまで高めていく彼の意欲と能力に深い敬

意を払っている人間の一人です。

スティグリッツが若い頃から研究対象としたのは、情報の非対称性でした。市場の不完全性は、情報を持てる者と持たざる者の情報格差によるところが大きいのではないか、という問題意識です。

実は、スティグリッツの情報の経済学がノーベル賞を受けた最大の理由は、情報経済学が、市場が情報や個人の合理性などをめぐって「完全」に機能すると仮定している従来からの古典派、あるいは新古典派経済学をその根底から覆すからなのです。スティグリッツ等の努力によって、理論経済学の最前線では、情報やそれをめぐる人々の行動の不完全性、あるいは「制度」等がその議論の中心に据えられ、さまざまな議論が展開されています。最近、映画「ビューティフル・マインド」で有名になった数学者、ジョン・フォーブズ・ナッシュ・ジュニアが考えた「ナッシュ均衡」の概念を軸に展開されるゲームの理論やＣＩＡ（Comparative Institutional Analysis）と呼ばれる比較制度分析等々がその典型的なものです。われわれにとっての最大の問題は、そうした最前線での理論展開がまだまだ完全に一つの方向へ収斂していく段階ではないので、多くの経済学者やエコノミストが従来通りのマクロ経済学、ミクロ経済学に従って、政策提言なり、予測をしていることなのです。もちろん、最近の理論展開を反映して、若干の修正はなされてきていますが、まだまだ、完全競争や市場が万能だという仮定を前提に議論が進められているケースが圧倒的に多いのです。過去半世紀にわたって、アメリカを中心に世界をリードしてきた経済学の枠組みを変えていくことは決して容易なことではありませんし、また政策にかかわっている多くの人々は最近の経済理論の展開を勉強する時間も能力も持っていない場合が多いのも、また事実なのです。

しかも、ローレンス・サマーズやスタンレー・フィッシャーといった超一流のエコノミストたちでも、まだ新古典派的枠組みを基本的には維持しています。スティグリッツが『世界を不幸にしたグローバリズムの正体』で、彼らを名指しで批判しているのは、あまり紳士的ではないと批判するむきもあります。いかにも妥協を許さない、天才肌のスティグリッツらしいところなのですが、スティグリッツにしてみれば、きわめて明晰で超一流のエコノミストである彼らは当然、理論的にはそうしたことがわかっているはずなのに、と言いたいのでしょう。

私は理論経済学者ではありませんし、また、その最前線での展開やスティグリッツ等の理論モデルを完全に理解している訳でもありません。しかし、経済や市場の現実の中に深く入っていけばいく程、従来からの新古典派的なものの考え方に疑問を持たざるを得ないのです。つまり、たとえば為替市場の現実を読むときのポイントは、情報、そして情報の不完全性であり、また、それをめぐる一つのゲーム論的環境なのです。ルービンが、世の中で絶対確実なことなどないと信じている裏にも、あるいは、ソロスがFallibility（誤謬性）という概念で人間の不完全性を強調するのも、実は情報の不完全性と市場のゲーム論的性格とどこかで深くつながっているのです。それを「完全競争の状況」を仮定して切り捨ててしまえば、理論や政策は、経済システムや市場のもっとも重要な部分を無視することになりかねないのです。

●情報のないものは負ける

このように考えていけば、市場を読むときは、情報の取捨選択にポイントを置くことが大切だということは自明です。何度も繰り返すようですが、為替取引は一種の情報ゲームです。情報をどれだけ持っているか、あるいは自分の持っている情報を新しい事態の出現によってどれだけ修正していくか、そしてそれを今度はどう発信していくか。

現代のような高度情報社会では、為替市場に限らず政治や行政も含めて社会のあらゆる活動が情報ゲーム的な側面を持つ。その意味では、戦争もまた勝つか負けるか、命を賭けた究極の情報ゲームと言えます。

戦争に勝つためには、武力で相手を倒すことが必要ですが、その前に相手に関する正確な情報をどれだけ持っているかが勝負の分かれ道になります。とくに現代は情報型軍事革命（RMA）で軍の運用や編成・組織、守備と攻撃の態様が大幅に変化しつつあり、敵・味方の部隊が正面から衝突するような消耗戦は主流ではなくなってきました。こうなると情報の収集力が死命を制することになります。当然のことながら、相手の情報を手に入れるには、ある種の二重スパイのようなオペレーションも必要になるでしょう。

為替市場もまた経済戦争の一種ですから、情報収集には人一倍の努力が必要です。市場では、質量ともに他人より多くの情報を持つ者が勝つという鉄則があります。

とは言っても、現実にはすべての他人よりも多くの情報を得ることは不可能です。通常なら日本人は日本について、アメリカ人はアメリカについてより多くの優れた情報を持っているというふうに、個人の情報は、地域、あるいは分野ごとに集積の厚みが異なっているはずです。

そうしたさまざまな情報の集積がある中で、各個人は自分独自の組み合わせを持っているという構図です。このため、ある案件ではA、別の案件ではB、またある局面ではCというふうに、有利になる者が案件や局面によって交代する。それが実際の市場の現実ではないでしょうか。

はっきりしているのは、情報のない者が負けることです。日本が九〇年代を通して経済戦争に負け続けたのは、情報の欠如が大きな原因です。もともと日本では情報の価値が低く、情報ほど価値高いものはないはずなのに、多くの日本人は情報を水と同じようにみんなタダだと思っているふしがあります。

為替の世界は、五分間で何百億円も儲けるということが可能な世界です。一般的にはそれは投機行為そのものと考えられがちですが、市場では情報をいかに多く摑んでいたのかと尊敬のまなざしで見られるのです。

たとえば、ジョージ・ソロスは、いろいろな意味で多くの情報を持っていることは確かでしょう。前にも触れたように彼は世界的なフィランソロピスト（慈善事業家）でもあります。世界三一カ国にある「オープン・ソサエティ」財団の活動を通じて、旧ソ連諸国など世界各国に献金もしています。その活動を通じての現地の情報もまた、彼の仕事には大いにプラスでしょう。

いくら情報通信技術が発達しても二次情報や加工情報ばかりを追っていては、市場のリーダーにはなれません。われわれ日本人も世界の現地情報をいかに早く正確にキャッチできるか、それぞれの局面における独自情報の持ち主、A、B、C……からどれだけ情報を得られるか、現代は独自の情報収集能力がきびしく問われる時代なのです。

⑤ 経済のファンダメンタルズをどう読むか

●ドル安要因とドル安傾向

これまで、為替市場の先行きは不確実で、未来を正確に読むことは誰にもできないという面を強調してきました。では為替相場を予測するための尺度はないのかと言えば、先に少し触れたように、為替相場の基礎となるファンダメンタルズ（経済の基礎的条件）というものが厳然として存在するのもまた、事実なのです。

中でも、①GDP成長率、②インフレ率と金利、③経常収支、④財政収支という四つの経済指標は最低限チェックしておく必要があります。これらの指標に大きな変動があれば、やがて為替相場に反映されます。

ただ、反映されるとしても、その時期や現われ方は単純ではない。それに一口にファンダメンタルズと言っても、その定義はかならずしも確定しているわけではありません。いま上げた四つのマクロ経済指標は非常に客観的なものですが、これらに加えて、「もうアジアはだめだ」とか「これからは日本よりも中国だ」といった主観的なエレメント、あるいはある種の情報戦争的なものも織り込まれて、実際の為替相場が決まっていくのが現実です。

たとえば、二〇〇二年の夏頃からドル安の状況が顕著になってきましたが、その最大の要因として市場が注目したのが米国経常収支の赤字でした。これはいわばアメリカ経済の宿痾のようなもので、戦後何十年間もの間、ずっと続いてきたことです。同じ客観的な事実でも、アメリカ経済が絶好調のときは無視され、市場がファッションとしてドル安に傾いたときは大きな要因として浮上するのですから、大いなる矛盾と言えば言えます。

こうなると、ドル安によって経常収支の赤字が注目されるわけですから、因果関係が逆になっている。つまりはドル安要因をファンダメンタルズから探し出していることになり、結局「ドル安だからドル安だ」＝「この紙は白いから白い」といったような一種のトートロジー（同義反復）の世界です。厳密にファンダメンタルズの定義だけを追求しても、現実の為替市場にはあまり意味がないことも少なくないのです。

●為替市場の新しい潮流

少し実践的に為替相場の動きを分析してみましょう。

図―1は東京市場における二〇〇二年秋までの円・ドルおよびドル・ユーロ相場の推移を示したものです。年初から円安が続き、一ドル一四〇円に迫ろうとしていた円ドル相場は、六月末から反転して円高ドル安に転じました。そこにいたる市場関係者の情勢分析の経過を私なりに分析してみますと、おおよそ次のように集約できます。

まず、誰もが心配したのは、アメリカ経済の低迷です。

すでに二〇〇二年の春頃、「ウォール・ストリート・ジャーナル」ヨーロッパ版は、「Love affair with US economy is over.（アメリカ経済への恋は冷めた）」というタイトルで、悪化するアメリカ経済についての特集を組んでいました。九〇年代後半からのアメリカ経済は、ウォール街の盛況に支えられて、まさに「根拠なき熱狂」（グリーンスパンＦＲＢ議長）の状態にありました。熱狂が冷め始めたのは、ＩＴバブルの崩壊した二〇〇一年春頃からです。そして同年秋のＮＹテロ事件以降は、急激に後退局面に入りました。

これに追い討ちをかけたのが、エンロン、タイコ、ワールドコムなどニューエコノミー企業のスキャンダルでした。日本に対してあれこれ注文していた米国の有力企業が、かくも杜撰な経営をしていたなんて、多くの日本人ビジネスマンにとって驚きだったでしょう。株価優先病ともいうべき企業経営のあり方に不信感が持たれ、アメリカ資本主義全体がゆ

図-1　円・ドル/ユーロ・ドルレート(月間平均)

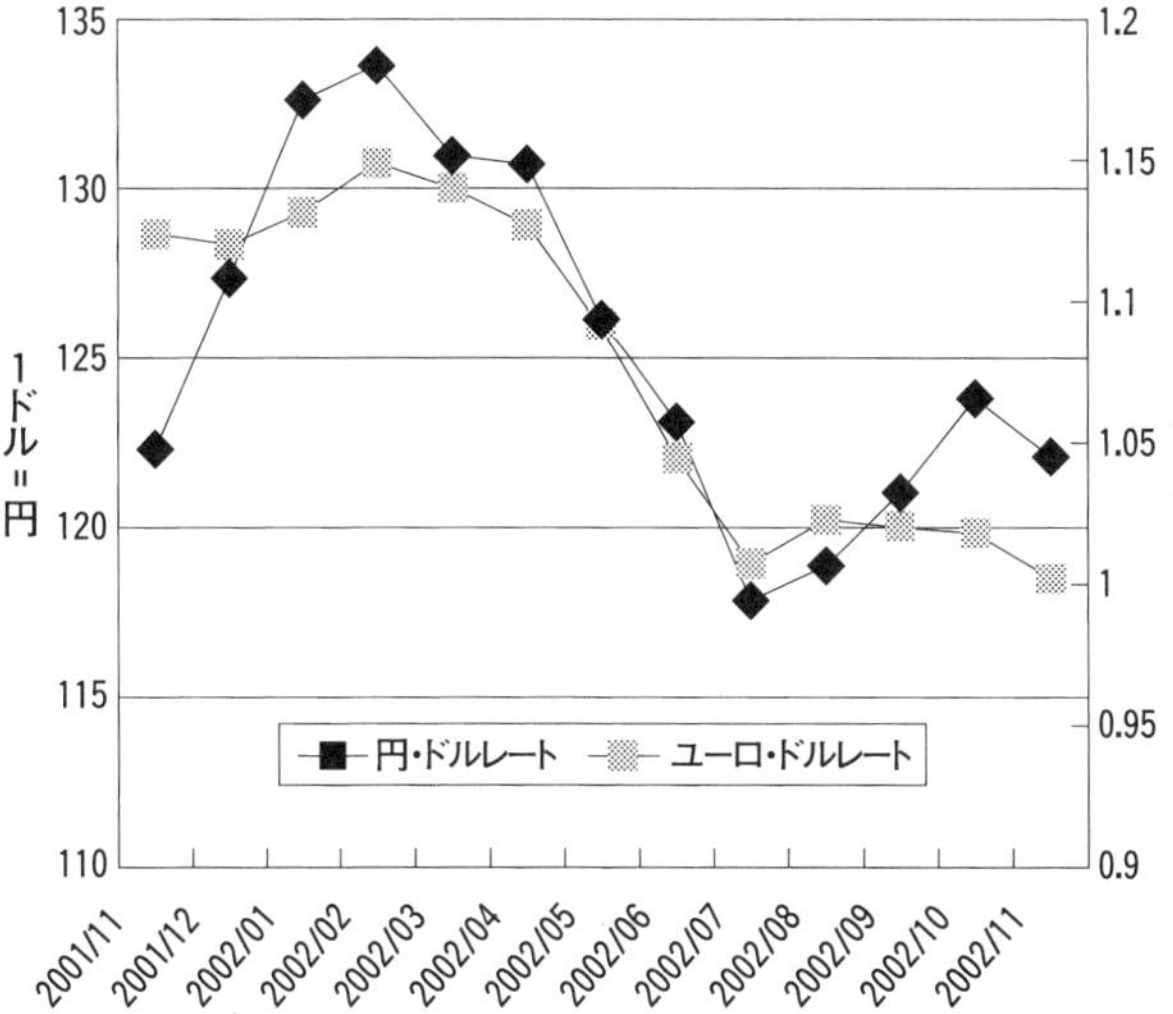

らぎ始めたのです。

そのあおりでGE、コカコーラなどのオールドエコノミー企業の株価もピーク時から五〇％以上の下げを記録するまでになりました。この危機がすぐに恐慌一歩前まで発展することはないにしても、米国の景気回復がかなりずれこむことは充分あり得ることです。

この低迷は、当然のことながら為替市場にも波及しました。上記の図―1を見ると、EU統一通貨ユーロも円と同じようにじりじりと高くなっています。世界の為替市場は少なくともトレンドとしてドル安に反転したようなのです。

その理由として、市場関係者が持ち出したのが、先ほど述べた経常収支の赤字です。そう言われてみれば、たしかに先進国で財政赤字の国はあっても、経常収支が赤字という国はアメリカ以外にはあまりありません。

アメリカは九〇年代の前半まで財政赤字と経常収支の「双子の赤字」で苦しんできましたが、財政赤字はクリントン政権後期の九八年にウォール街がリードした未曾有の好景気のおかげで解消できました。ところがその頃から景気が減速し始め、新しく誕生したブッシュ政権は、景気刺激のために財政の出動を繰り返しました。その結果、財政状態もふたたび悪化してしまったのです。

米国が世界一の借金国で、輸入大国である限り、経常収支についてはこの先も急速に改善されることはありません。累積赤字は膨らむ一方です。財政悪化と経常収支の赤字、この二つが投資家の間で「ドル安」の判断材料になったことは間違いありません。

前にも触れたように、米国の経常収支の赤字は何も二〇〇二年に始まったわけではないのです。それなのに、なぜ為替市場はこれまでドル安に振れなかったのか。その一つの大きな要因は、九七年秋頃から始まった海外投資家のアメリカに対する「熱狂」ではなかったでしょうか。

九七〜九八年に起きた世界規模の金融危機は、いまだ記憶に新しいところです。九七年夏に始まったタイ・バーツの暴落は、またたく間に「奇跡の繁栄」と称えられた東アジア諸国を痛撃しました。翌年夏には、今度はロシアでまさかのデフォルト（債務不履行）とルーブル切り下げが起き、金融危機はブラジルをはじめラテン・アメリカ諸国にまで飛び火しました。世界の金融秩序は同時崩壊の危機に直面したのです。

この一連の金融危機をきっかけに世界的に広まったのが、「日本を先頭とする東アジアの雁行型経済発展は終わった」という認識でした。そして、「今後はやはりアメリカ・モデルだ」という「熱狂」が巻き起こったのです。

タイ、インドネシア、韓国などアジアの国々は、競って自国の経済体制をアメリカ型に切り替えました。時期を同じくして、ヨーロッパ諸国もEU統合の過程で域内競争に勝つため少なくとも、かなりの程度アメリカ・モデルにならいました。

こうしたアメリカ・モデルをめざす構造改革への熱気は、同時に米国への資本流入を促さずにはおきませんでした。こうして米国への資本流入額は年間合計で四〇〇〇億ドルを超し、経常収支の赤字を補って余りあるものになっていったのです。そのおかげで、経常収支の赤字問題はほとんど問題視されなくなってしまいました。

●ヨーロッパ発アメリカ着

ところが、この巨額の資本流入の中には、じつは見過ごされがちなヨーロッパ発の二つの特殊要因が含まれていました。

第一は、ヨーロッパでEU一五カ国、あるいはユーロ一二カ国の間で企業統合が進み、その再編プロセスでアメリカ企業を買収(M&A)する資金が大きく動いたことです。その代表例がダイムラー・ベンツとクライスラーの合併であり、ドイッチェ・バンクによるバンカース・トラストの買収等でした。こうした動きは、ドイツのみならずフランスやイタリアの企業でも活発化しました。その結果、直接投資の膨大な資金が一気にアメリカに流入したのです。

第二は、九九年にEUの統一通貨・ユーロが誕生したことにより、ヨーロッパの投資家はそれまでフラン、マルク、リラというふうに域内で分散投資していたのが、不可能になってしまったことです。分散投資が投資の鉄則であるとすれば、どこかに代替投資先を見つけなければなりません。このとき、投資家たちが一斉に買い求めたのが、ドル資産でした。

この二つの特殊要因にプッシュされて、二〇〇一年はヨーロッパから米国に年間でおよそ三〇〇〇億ドルもの資本が流入しました。一年間の資本流入総額の約四分の三に相当する額がヨーロッパから入ったわけです。これによりドルの対外価値が上昇したことは言うまでもありません。

しかし、これだけ巨額の資本流入は、経済学でいうストック・アジャストメント、二度と起きない一度限りの調整ととらえるほうが妥当です。このため、二〇〇二年の資本流入は前年を大きく下回ると予想できます。そうなれば、これまではほとんど無視されてきた経常収支の赤字がふたたび問題視され、「ドル安」への圧力要因として浮上することになるのです。

このヨーロッパ発の二つの特殊要因に加えて、世界の金融はもう一つの不安要因を抱えていました。それは二〇〇一年に起きたアルゼンチン危機が、二〇〇二年に入ってブラジルやウルグアイ、エクアドルなど中南米諸国にまで広がる勢いを示したことです。場合によってはメキシコにも飛び火するという見方さえあり、米国の内庭と言われるラテン・アメリカ全体が金融危機に陥る可能性もゼロではなくなった。これもまた「ドル安」の大きな要因の一つとみなされました。

こうした多様な角度からの情報を分析し、つなぎ合わせてみると、二〇〇二年半ばからの「ドル安」反転は、それなりの理由があってのことでした。潮目の変化に目ざとい一部のヘッジファンドは、すでに二〇〇二年の年初から「ドル安」を見越した動きを始めていました。それに同調する者が一人増え、二人増え、半年後には市場の支配的な流れ（ファッション）になっていったのです。株式市場や債券市場と同じように、為替市場もまた市場参加者のかなりの部分がそう思った段階で、相場の流れがはっきりと変わることを示しています。

【コラム❶】円ドル相場の歴史をたどる

為替レートが円高に移ったのは一九八〇年代以降の話ですが、もっと昔からたどってみると、次頁図1-2のように、意外にも円がドルに対して下落していく歴史であったことがわかります。

円という通貨は、一八七一年（明治四年）の「新貨条例」によって誕生しました。計算の仕方も江戸時代の両は四進法でしたが、円は十進法に改められました。このとき、一円は純金一・五グラムと定められ、当時の米ドルとの交換比率はほぼ一対一、つまり一ドル＝一円でした。なんと新生明治国家の通貨は、米国のドルと対等の価値をもっていたのです。

ところが、一八九七年（明治三〇年）に制定された「貨幣法」では正式に金本位制が採用され、一円＝〇・七五〇グラムとなりました。これにより円ドルレートは、一ドル＝二円に、つまり、円はドルに対して半分の値打ちになってしまったのです。

その後、第二次大戦の直前には一ドル＝四円二五銭にまで下落していました。それが第二次大戦の敗戦によってさらに円の価値が下落し、一九四五年の駐留軍との交換レートはまず一ドル＝一五円にさだめられました。しかし、終戦直後の混乱とインフレによりすぐに一ドル＝五〇円となり、その後も何回か下方修正され、ついに四九年（昭和二四年）に一ドル＝三六〇円に決定されました。この為替レートが、一九七一年（昭和四六年）のニクソン・ショックで固定相場制が崩壊するまで、二二年間続きます。それ以後、スミソニアン会議（為替等をめぐる日米交渉）等を経て七三年から完全に変動相場制に移されて今日にいたっています。

変動相場制に移行してからの円ドルレートは、しばしば乱高下を繰り返しました。なかでも八五年九月二二日、「プラザ合意」で先進五カ国がドル安誘導のために協調介入したときは、一ドル＝二五〇円台から二三〇円台まで一気に円高になりました。

図-2　対米ドル為替レートの変遷

年	要件	1ドル=円
1871年〜	新貨条例	1
1897年〜	貨幣法	2
1941年〜	第二次大戦開戦前	4.25
1945年9月〜	敗戦直後	15
1945年12月頃〜	〃	50
1949年〜	レート固定	360
1971年〜	変動相場制へ	

これによりアメリカは目論見どおりドル安誘導を果しましたが、今度はドル下落が止まらず、八七年二月のG7による「ルーブル合意」で、為替相場の安定のために先進国が協力することを約束しました。

為替レートはそれ以降、円高基調が定着し、九五年四月一九日には戦後最高値の一ドル＝七十九円七十五銭を記録する事態もありましたが、おおむね一〇〇円～一四〇円の間で推移しています。まだよくわかりませんが、一九七一年以来の円高基調はひとまず終了したようにも見えます。しかし、逆に一九九五年以来上昇してきたドルも、第一章後半で分析したように上昇基調は終わりつつあるようでもあります。あえて仮説を立ててみれば、一九七一年以来の円高トレンドは日本経済の成長の終焉と長期停滞のために終わったのだが、アメリカによる一極支配の揺らぎのはじまりのために、このところ十年弱のドル高基調も終わりつつあり、当面、円・ドルはレンジ相場に入ってきているというところなのでしょう。

第二章

為替取引は情報ゲームである

本章の
キーワード

イベント介入
と
ロシア通貨危機

①「サプライズ」を与えろ

●Buy on rumors. Sell on facts.

為替市場が、しばしば戦争、あるいは情報ゲームに喩えられることは前に述べました。市場参加者は誰もが「新しい」情報を発信して他人を巻き込み、新しい流れ（ファッション）を作ろうとする。あるいはそのファッションに乗りながらも他人よりも早く逃げ出そうとする——そうした虚々実々の情報ゲームに明け暮れているのです。

そういう市場関係者が敏感に反応するのが「新しい」情報です。為替相場の常識の一つに、「Buy on rumors. Sell on facts.（噂が出た段階で買い、事実がはっきりした時点では売り）」というルールがあると言いますが、彼らがいかに「新しい」情報を重要視しているかがわかります。

マスメディアにおけるニュースと同じように、私たちは誰でもすでに知っている情報を聞かされても軽く聞き流してしまいます。それにより、これまでの判断や行動パターンを変えることは、まずありません。情報の総量と質が変化しないからです。ところが、まったく新しい、これまでとは違う情報に接したときは、とまどいながらも最終的にこれまでの判断を変えることもあります。ニュース価値と同様、肝心なことは、その情報が「新しい」かどうかなのです。

ここで言う「新しさ」の中には、「みんなの予測を超えているかどうか」ということも含まれています。たとえば、ある企業が今年の決算報告を記者会見で発表するとしましょう。大手企業の決算については、アナリストが事前に経済紙などに業績予測を発表するのが普通ですから、参加する記者たちも「おそらく業績はこのレベルであろう」と一定の予断を持って臨みます。

そのとき、その企業が発表した決算報告がアナリストや記者たちの予測の範囲内であったときは、いくら良い業績であってもすでに織り込み済みの情報として受け止められ、株価が上がるようなことはまずありません。

ところが、仮に業績が悪くて損失を出した場合でも、その損失が市場の予測よりも小幅であれば、株価が上がることがあります。為替市場もこれと同じで、予測との対比で新しい情報かどうかによって円高になったり円安に振れたりします。

近年は同じことが政府の経済政策についても起きていて、せっかく新しい経済政策を打ち出しても、株価が上がるどころか、逆に下がってしまうという事態を繰り返してきました。これは新政策が正式発表される前に、政府内の一部の人々や根回しした自民党の政調会や部の議員たち等がリークしてしまうからです。

そればかりか、彼らは五兆円の対策を一〇兆円というふうに不正確に、大風呂敷を広げて言うことが多いので、市場は淡い期待を抱いてしまうのです。それが噂として流れたときにやや株価が上がりますが、その後に正式発表があって、噂の一〇兆円が半分の五兆円だったとわかると、失望感から株価がまた以前のレベルへ、また、場合によるとそれ以下になってしまうという図式です。情報の本質から考えれば、「新しさ」が欠如しており、また以前の情報より好ましくないものですから当然そうなるわけです。

だから、もし本当に効果のある政策を実施したいと思うのなら、絶対にリークしてはいけない。仮に政府にもニセ情報を発表することが許されるなら、最初はAと言っておいて、実際はBという政策を発表すれば効果はてきめんでしょう。

しかし、独裁国家ならともかく、民主主義をたてまえとする国家で嘘をつくことは許されません。せめてリークしないことを暗黙のルールにするべきなのですが、それがほぼいつも破られてしまうのですから、政策の決定過程から発表にいたるまでの日本のシステムに大きな問題があると言わざるを得ないのです。

私が国際金融局長のときの経験で言いますと、九五年八月二日に円高是正のために日米で協調介入したことがあります。このときは同時に、機関投資家に対する海外資産の取得に関する規制緩和、輸出入銀行・海外経済協力開発基金などの公的機関による資金協力などを柱とする緊急円高対策を併せて発表しました。

これは外部には事前にまったく漏らさないようにし、かつ、例外的にそれが守られたので、多くの人の予測を超え、いわゆる〝サプライズ〟を与え、かなり効果をあげることができました。前日は東京外為市場で一ドル＝八七円ぐらいにつけていた円相場を、一気に一ドル＝九〇円前後まで円安に落とすことに成功したのです。

●記者クラブ制度の弊害

そのとき起きた記者クラブとのトラブルは、いまも忘れることができません。日本ではその日の午前中、円高対策を発表して市場介入し、夜一〇時にはアメリカが協調介入し、その直後にルービン財務長官と武村正義大蔵大臣が「共同宣言」を発表する段取りを組みました。もちろん、すべてを秘密裏に運び、協調介入後突如として宣言を発表するのです。

協調介入は夜の一〇時に無事終わりました。次のステップは「共同宣言」の発表です。早速、記者クラブに「一時間半後の一一時半に記者会見をしたい」と申し入れたところ、クラブのキャップから猛烈に抗議を受けました。

「何を言ってるんだ。記者会見は一日前に言ってくれなければ困る。第一、夜の一一時半なんてみんなが帰宅したあとじゃないか」

これがアメリカならインターネットで流せば一件落着ですが、日本では最初にかならず記者クラブに話を通さなければなりません。これまでの申し合わせでは、一日前か二日前に申し入れなければならないのです。

しかし、記者会見を開くということ自体が一つの重要な情報です。どういう内容が発表されるのか、専門家なら前後の流れからその知らせを聞いただけである程度はピンときます。一日前に申し込めば、一日前にかなりのことが推測できる可能性があるのです。そういうふうに、カルテル体質の記者クラブから事前に情報が部分的に漏れることが少なくないのです。これでは政策発表の新鮮味が薄れてしまいます。為替市場で言えば、市場への〝サプライズ〟がなくなってしまうのです。

結局、八月二日の日米協調介入のときは、クラブのキャップに抗議を受け、あとから官房文書課広報室から正式に謝罪させられましたが、一一時半に緊急記者会見を開いて、市場に〝サプライズ〟を与えることに成功しました。

九五年八月二日のことは一つのエピソードにすぎませんが、一般的に、為替介入だけではなくて、政策の効果を最大限にするためには次の三つの要素が重要であると考えられます。

第一に、その政策をいつ発表するか、市場の状況を見ながらタイミングを決める。本当に「新しい」情報と受け止めてもらうためには、ぜひ必要なことです。

第二に、どういう形で発表するかを考える。同じ情報を発表するにも、大臣が直接発表すれば、重大ニュースと受け止められますし、日米共同宣言というようなことであればインパクトが強まります。

第三は、やはり政策の内容が問われます。ただ、いまや政策内容さえよければいいという時代ではないことを、政策担当者はしっかり理解しておく必要があります。

この三つを柱に政策発表のあり方を変えていくには、記者クラブという日本独特のカルテルが制約になることは八月二日の例からも自明なのですが、なかなかこれが変わりません。そもそも日本では「記者クラブ加盟各社に公平に」という談合ルールができていて、総理大臣が戦略的にメディアを選んで登場することすら、不可能な仕組みになっているのです。あれほどゼネコン各社の談合を批判するメディアが、徒党を組んで他のメディアを締め出し、お互いに抜けがけをしないように協定をする。本当におかしな話です。実は、日本のマスメディア業界は、日本語という非関税障壁に守られた、もっとも規制が強く、カルテル的体質が強い業界の一つです。多くの良心的ジャーナリスト、特に、有能な人たちはこのカルテル体質を、少なくともプライベートには強く批判しているのですが、このことが表立って議論されることはほとんどありません。政党や政府とならんで、マスコミが強い権力を持っていることが、その理由であることは言うまでもありません。政党や政府の場合、時としてメディアに批判されるのですが、メディアの場合、メディア同士の批判はできるだけ避けようとしているので、批判する人がほとんどいません。大衆民主主義国家・日本の大きな盲点の一つです。

このメディアのカルテル体質が、日本の政府や企業が有効に海外や市場に情報発信をしていく上での大きなネックになっています。少なくとも、記者クラブ制度は廃止する等、日本のメディアのあり方を見直していかないと、ただでさえ情報後進国である日本の総合的情報力は欧米、いや、アジアの諸国に対しても、遅れをとるばかりになってしまうでしょう。

② 情報の相互依存性

●情報が情報を呼ぶ

外国産の牛肉を国産と偽って政府に買い取らせる。点検中に発見された原子力発電設備のキズを会社ぐるみで隠す。そうした事件が起きるたびに、会社の役員たちが記者会見で釈明しますが、歯切れが悪く、話も一方的で、かえって消費者の心証を悪くしています。

これは情報の相互依存性ということがまったく理解されていないということです。不祥事がバレる、それを釈明する――この過程で、会社幹部は「企業」の内側にしか目がいっていないため、どうしても保身と自己弁護という印象しか与えない。しかし、情報には相互依存性があるのです。情報を発信するときは、受け手の側の状況を充分考慮して情報を流さなければ何の効果もありません。消費者が疑心暗鬼になっている。そこであいまいかつ一方的な釈明をする。ますます批判の声が上がる。あわててまた釈明する。さらに信用を失う……といった悪循環が果てしなく続くのです。

情報の相互依存性は、為替市場においても大切な考え方です。この場合、相互依存性は一回きりではなく、何度も繰り返されることが特徴です。つまり、こちらで発信した情報によって相手の行動パターンが変わる。それがフィードバックされてこちらに返ってくる。こちらもまた判断を改める。このような複雑な相互依存性の中で「新しい」情報を発信するときは、よほど相手の反応を見きわめておかないと、効果が半減してしまうわけです。

相手は日本だけでなくグローバルですから、予想もしなかったところからの反応もあり得ます。たとえば自民党の政治家が地元の選挙区の演説で、「アメリカは人種差別があるから生産性が低い」といった失言をして、それがニューヨーク・タイムズなどに載ってしまい、日米関係に影響を与えたりするのとよく似ています。日本国内の情報は国内にとどまらず、いつでも世界中に流れる可能性を秘めているのです。政治家や企業人のちょっとした発言も、すぐにアメリカ、ロシア、中国など世界中に配信されて、国際的な反響を呼び起こし、その結果円高になったり円安になったりすることも、しばしばあり得るのです。

為替市場はそうした情報の相互依存性がもっとも発揮される場です。つまり、もっともグローバルでオープンな市場なのです。誰かがある情報に注目すれば、その行動が変わり、それがまた「新しい」情報を担ってフィードバックされていく。それを繰り返していくうちに一つの均衡が生まれる。そうするとまた「新しい」情報が入って均衡が崩れ、ふたたび相互作用を繰り返していく。その無限の連鎖運動が為替市場の本質と言えるのです。

●「製造業は永遠」ではない

規制のない開かれた為替市場では、一ドルはいくらだといった固定された為替レートが長期間続くことは絶対にありません。為替レートは動かないほうがいいという人がいますが、かならず動く。いい悪いの問題ではなく、絶えず動いているのが、変動相場制の宿命です。そのため輸出関連の製造業は多大な影響を受けることになります。

かつて、もう二十年近くも前のことでしょうか、私はソニーの盛田昭夫会長に、こう言われたことがあります。

「私たちは、二%のコストを削るのに、どれだけ血みどろになって取り組んでいるのかわかりますか？　それなのにわずか一日で為替レートが二%も変わったらたまりませんよ」

盛田会長は固定相場論者でしたから、安定した為替相場への思いが余計に強かったのでしょう。そのとき私は、

「固定相場に戻すことは、もうできません。われわれはすでにルビコンを渡ってしまいました。企業としては為替ヘッジをする等の防衛策を考えるしかありません。もちろん、当

局はできるだけ不必要な変動を抑えようとすべきですが、市場をコントロールすることは不可能です」

と答えたのを憶えています。いまそのソニーは、日本企業の中でももっともグローバル化に対応できた国際企業になっています。が、製造業の立場からの盛田会長の発言はそれなりに理屈のあるものでもあります。

もちろん、どんな備えをしても為替相場の変動、とくに円高は企業収益に大きな影響を及ぼさずにおきません。売上げに対する輸出比率の高い企業ほど、そのダメージは大きくなるでしょう。内閣府がまとめた「平成一三年度企業行動に関するアンケート」では、企業の採算レートは全産業平均で一ドル＝一一五・三二円と報告されていました。

では実際に、為替の変動によって企業はどのくらいの損失を被るのでしょうか。少し前の新聞報道では、ドルに対して一円の円高が進むとソニーの場合で約八〇億円、トヨタ自動車は二〇〇億円、ホンダは一四〇億円以上、日産は七〇億円の営業利益が失われると報道されていました（東京新聞二〇〇二年七月二日付）。

この為替変動リスクを回避するために、企業がとっている対応策は、①製造コストの低減、②海外生産、海外調達の拡大、③ドル建て輸出契約の円建て化または現地通貨建て契約への転換、④為替先物・オプション等を利用してのリスク・ヘッジなどが一般的でしょう。経済がグローバルになっているのですから、企業活動がグローバルにならざるを得ないのは当然のことです。販売する国で、生産し、部品調達すれば、為替リスクはありません。先物やオプション等のヘッジ手段を使いながらも、企業が次第に、このもっとも本質的なリスク回避の手段、つまり生産調達の販売にあわせたグローバル化へ進んできているのはむしろ当然のことでしょう。

よく、「日本企業は円高に弱い」、あるいは「為替に弱い」と言われます。しかし、このことは逆に言うと、日本の企業が本当にグローバルになっていないことを意味します。自国通貨を国際的な基軸通貨にしてしまったアメリカは例外ですが、他の国は多かれ少なかれ、企業活動の国際化によって、為替リスクをヘッジせざるを得ません。アメリカの場合も、企業活動がグローバルだからこそ、ドルが国際的になったという側面があります。

また、評論家諸氏の中には「ものづくりがすべての基本、製造業は永遠です」という議論を好んでする人がいます。そしてこの議論には、しばしば日本を生産拠点とした製造業が永遠だという意味がこめられています。

しかし、製造業そのものが、そう簡単に滅びないとしても、日本を生産ベースとした製造業は今や中国等にとって代わられつつあります。情報・通信革命の影響で、情報がリアルタイムで世界中を飛び回る時代、質が高く、充分な労働力さえあれば、生産はどこででも行えますし、また、労働コスト等の要素価格が低ければ、ほぼ同品質のものを低い総コストで生産できます。技術や経営力といっても、結局は情報のかたまりです。こうしたものは、うまいシステムさえ組めばどこへでも移動可能なのです。情報という視点からものを見ることが、この問題でも重要なことがわかるでしょう。

この意味で、日本の産業は否応なしに製造業中心からサービス中心の情報化時代に移っていくでしょう。製造業であってもグローバルに生産と流通を統合するサプライ・チェーン・マネジメントを導入した情報化戦略が不可欠になっています。モノだけ作っていればいいという発想では、やがて中国等に追い抜かれるのは時間の問題です。モノを効率よく作るためにも情報化にいかに対応するのか、中国等を含めたグローバルな仕組みをどう作っていくのかが重要になってきているのです。

③ 情報ゲームとしての為替介入

●効果のある介入、効果のない介入

経済理論、特に新古典派的経済理論の枠組みでは、為替介入は効果があってもごく短期的、例外的で、一般的には益よりも害の方が多いということになっています。そして、多くのエコノミストや為替当局者のかなりの人たちも、この正統的理論の信奉者なのです。

では、過去に何度も行われてきた通貨当局による介入はまったく効果がなかったのか。それならなぜ介入などしたのか。そんな疑問をお持ちになる方がおられると思います。

結論から先に述べますと、介入は〝サプライズ〟がともなえば、おおむね成功しているのです。ただし、その効果はいつまでも継続するものではなく、長期にわたって為替レートを同一水準に保つことは、きわめて困難と言ってよいでしょう。

通貨当局の介入の効果分析については、一橋大学の伊藤隆敏教授の優れた論文があります。財務省の公開データにもとづき、一九九一年四月～二〇〇一年三月までの一〇年間の介入を観察し、分析を加えたものですが、伊藤教授は、この一〇年間の介入の実績につい

て

〈観察期間に限っては、一二五円よりも円安（円ドルレートが一二六円以上）の水準で円売り・ドル買いの介入実績はなく、一二五円よりも円高（円ドルレートが一二五円以下）の水準での円買い・ドル売りの介入実績は無かった。つまり、日本の通貨当局は、ドルをドル価値が安いときに購入し、高いときに売却するという資産運用をしていたとみなすことができる。売買益は、一兆円近くになる。さらに、評価益、金利差を加えると、一〇年間の介入は、九兆円近くの利益を上げていたことになる。利益を出す介入は、ミルトン・フリードマン的に考えて、相場を安定的にしていたことになる。介入直前の為替レートの変化に比較して、介入直後の為替レートの変化が、介入の意図していた方向に動いたかどうかと検討すると、おおむね期待された効果が得られたといえる〉

と書いています。かつての為替政策担当者としては、過分な評価をいただいたと恐縮しているところですが、伊藤教授の指摘は、私自身も当時の記憶と照らし合わせてみて、大筋で納得のいくものです。

すこし制度的なことに触れておきますと、介入の決定権は旧大蔵省、現財務省にあり、日本銀行は代理人として介入の事務を担当するだけです。介入するかどうかの決定には、財務省の大臣、財務官、国際局（旧国際金融局）局長、為替市場課（旧為替資金課）長などごく限られた者しか関与していません。あまり多くの人が関与すれば、情報管理ができなくなってしまうからです。

実際の介入にあたっては、日本だけの単独介入なのか、アメリカをはじめ他の国と協調介入するのか、大きく二つに道が分かれます。単独介入の場合は、もちろん日本が自分の資金で介入しますが、協調介入の場合は、協調する国々がそれぞれの資金を使って介入します。

単独介入の場合でも、委託介入と言ってニューヨーク市場ではニューヨーク連邦準備銀行に委託して、日本のお金で介入してもらい、ロンドン市場ではやはり日本のお金でバンク・オブ・イングランドに介入してもらう場合があります。これは、その国の市場のことは、やはりその国の当局のほうがよく知っているので、介入しやすいだろうという判断からです。

もう一つの方法は、われわれが直接日本および欧米の銀行に頼んで、ニューヨーク市場やロンドン市場でドル買いドル売り等をしてもらうことです。その場合、市場に名前が出るのは銀行ですので、市場には日本の通貨当局が背後で介入していることはすぐにはわか

図-3 対米ドル介入回数・金額

年	介入回数(回)	金額(億円)
平成3(1991)年	3	563
平成4(1992)年	23	7,170
平成5(1993)年	49	25,532
平成6(1994)年	55	20,639
平成7(1995)年	43	49,589
平成8(1996)年	5	16,037
平成9(1997)年	3	10,591
平成10(1998)年	3	30,470
平成11(1999)年	12	70,487
平成12(2000)年	4	29,576
平成13(2001)年	7	31,455

☆平成3年は第2四半期からの実績
☆介入回数は対米ドル介入のみ

りません。ただ、あまりに金額が大きくなるため、あるいはその買い方、売り方によって、しばらくすると「どうも日本政府が介入しているらしい」と噂が立ってしまいますが、それでも噂を肯定しなければ市場は疑心暗鬼のままです。いまは三カ月ごとに介入データを発表していますので、やがてわかることですが、疑心暗鬼の中から新しい流れが形成されれば、介入を公表しなくても狙いどおりの展開ということになります。いわゆる覆面介入というやつです。もちろん、これは日本国内でもできますが、最後まで言わないでおくケースはそれ程多くありません。

ですから、介入を実施した場合は、すぐさま記者会見して、堂々と発表する場合もあれば、まったく秘密にしておく場合もあるのです。そのときの円相場や、市場の状況によってさまざまです。図―3は、通貨当局がこの一〇年間にどれだけ介入したかを示したものですが、一般に思われているほど、介入頻度は多くありません。特に私が国際金融局長として総指揮をとった期間（九五年～九七年）の介入は協調介入を含めてわずか一〇回程度で、その前の数年間と比べると、その回数の少なさがお分かり頂けると思います。

●一ドル八〇円台なら日本沈没だ

私が国際金融局長になった九五年の五月二六日は、まだ一ドル＝八〇円台という超円高時代で、円高恐怖が日本の政財界、そして機関投資家の間にも蔓延していました。このままでは日本経済は沈没する、もうこれ以上の円高には耐えられないといった声があふれていた。私たちもまた、円は高くなりすぎているという印象を持っていたのです。そんな状況下で私のとった手法は、介入の頻度をできるだけ少なくすること、そして介入するときは大量の資金をどっと投入して押し上げることでした。円高阻止に向けてのわれわれの強い意志を市場に印象づける介入です。

八月二日、前述のように日米協調介入を行って、一ドル＝九〇円台に乗せました。この日、われわれ日本の通貨当局が市場に投じたお金は六七五七億円、アメリカ通貨当局が五億ドルにも達しています。

さらに八月一一日に日本単独介入をしたのち、八月一五日にはふたたび日、米、さらにドイツも加わって三国で協調介入をしました。八月一五日と言えば、日本ではお盆の真っ最中です。その上、今回はドイツまで加わっての協調介入です。市場はドイツが参加するとは夢にも思っていなかったらしく、〝サプライズ〟効果は抜群でした。円は九八円にまで下がり、円安反転が新しいファッションとなる可能性が生まれたのです。

それより八日前の八月七日、日本フォレックス・クラブという為替ディーラーの会で私は恒例のスピーチをしました。で、「休みを取るならかならず携帯電話を持っていってください」、つまり「近々何が起きるかわかりませんよ」と冗談めかして喋ったばかりでした。もちろん、その日はドイツが協調介入に参加してくれるという確証を得ていたわけではありません。軽いジャブのつもりで一般論として話しただけです。ディーラーたちも、含みのある話とは受け取らなかったはずです。

ところが、彼らは一五日にまさかの日独米協調介入というニュースに直面しました。本当に携帯電話を使わなければならない事態になったのです。それ以来、「榊原の言うことは要注意だ」「あのとき榊原はドイツの介入を予言していた」ということになりました。その後、われわれのいわゆる口先介入が効くようになったのは、瓢簞から駒のような話でした。

市場参加者が「こうなったら介入があるな」と思ったときに介入しても何の効果もない。ですから、大きなサプライズが無理なときでも、小さなサプライズが必要です。人々が一二二円なら介入するだろうと言っている状況で、つまり、一二二円で一回介入したから、また一二二円まで落ちてきたら介入すると思っているわけです。そのときは一二一円まで待つとか、一二〇円まで待つ。逆に一二四円で介入する……私はつねに介入点を変えることで最小限のサプライズを与えようとしました。

また、イベント介入ということで金融政策と組み合わせたり、規制の緩和と抱き合わせでやったり、いろいろな他の政策と一緒に打つことで〝サプライズ〟を強め、介入効果を高めようとしました。

いろいろな組み合わせを考えて介入するものですから、九六年の二月、もう組み合わせるものがなくなって本当に困ったことがあります。そこで香港とシンガポールと委託介入協定を結びました。香港もシンガポールも介入に参加したわけではないけれど、多くの人は、この次香港、あるいはシンガポールがやるかもしれないと思うでしょう。そういう新しい期待、新しい情報もサプライズとなるのです。

④ヘッジファンドの戦略

●リスク・テイカーは必要だ

ヘッジファンドは、一〇〇人未満のお金持ち会員から投資資金を預かり、世界中の金融市場をまたにかけて、ハイリスクの投資活動を仕掛け、ハイリターンの運用益を上げていく集団です。世界にどのくらいの数があるのか、五〇〇〇を超えると言われていますが正確なところはわかっていません。

私がよく知っているのは、いわゆるマクロファンドと呼ばれるヘッジファンドです。大きなマクロ経済の流れで為替、株式、債券などを売買するジョージ・ソロスのクォンタム・ファンドや、かつてジュリアン・ロバートソンが率いたタイガー・ファンドなどがその代表的存在です。現在では、ムーア・ファンドやチューダー・ファンドがこの部類に入ります。

彼らの真骨頂は、さまざまな政策の動きを他人より一歩先に読み取り、他のいろいろな情報と組み合わせて独自の分析を行い、他人より一歩早く市場でポジションを作って（リスクを取って)、他人がやってきたときにうまく売り抜く、という素早い決断と行動にあります。

リスクを恐れないそのアグレッシブな行動力によって、九七年のアジア通貨危機では、「巨象が小さな池に入る」と非難され、すっかり「一国の経済を破壊する悪者」というイメージが定着しました。マレーシアのマハティール首相はソロスを名指しで非難しました し、台湾はソロスが関係するヘッジファンドの取引を禁止しました。私も、彼らがタイ・バーツやインドネシア・ルピアを襲ったようなやり方で、小さな市場を巨大な資本が支配してしまうような動きには賛成できません。そこには何らかの国際的な規制、ルールの確立が必要です。

ただし、誤解を恐れずに言えば、ヘッジファンドのような投機家がいるからこそ市場が成立するという一面があるのも事実です。自分でリスクを取りたくない人々のリスクは、誰かに取ってもらわなければなりません。市場にはリスク・テイカーが必要です。ヘッジファンドのようなリスクを取るプレーヤーが、市場を活性化させることもまた認めるべきでしょう。

最近、リップルウッド、サーベラス、ローンスター等の米国のファンドが日本の不良債権処理ビジネスに乗り出しているのを「外資の跳梁」「ハゲタカ・ファンドに蹂躙される日本」などと非難する声があります。しかしこれは明らかに間違っています。

私に言わせれば、誰もが尻込みするようなリスクをあえて引き受ける「外資」「ハゲタカ・ファンド」が、積年の課題である不良債権処理を進めている。そのことにもっと積極的な意義を認めるべきなのです。彼らは大変なリスクがあることを覚悟の上で、取得した不良債権のかなりの部分をうまく売り抜けば儲かると思って買っているのでしょう。

不良債権処理ビジネスは、本来なら、日本の銀行や証券会社がやるべきことなのです。ところが彼らは自分でリスクを取ろうとしません。誰かが手を上げなければ、いつまでも不良債権は処理できないのに、積極的に手を上げた外資だけを「ハゲタカ・ファンド」と悪玉扱いするのはフェアな議論とは言えません。

●九八年ロシア危機とヘッジファンドの破綻

ヘッジファンドは、他の投資家なら絶対に取らないようなリスクをあえて取る。成功すればハイリターンを手にするかわりに、裏目に出たときは悲惨な結末が待っています。その典型が九八年のロシア危機に関連して事実上破綻したＬＴＣＭ（ロング・ターム・キャピタル・マネジメント）であり、タイガー・ファンドでした。

このロシア危機では、前述したようにジョージ・ソロスも二〇億ドル前後の大損失を出しています。ヘッジファンドのみならず、欧米の銀行その他の金融機関も多額の損失を被り、その危機がブラジルをはじめ中南米諸国にも飛び火したことは記憶に新しいところです。

そこまでの混乱を呼び寄せたきっかけは、九八年八月一七日、ロシア政府が①ルーブル（ロシアの通貨）に関する変動幅を一ドル＝六・〇〜九・五ルーブルに変更し、市場実勢に任せる、②非居住者による短期ルーブル資産への投資を禁止する、③対外民間債務の九〇日間のモラトリアム実施、④九九年末まで償還期限のくる国債を新証券に切り替える措置を直ちに実行する、という決定を突如発表したことです。

このうち、とくに短期国債の償還を一時延期する③のモラトリアム宣言は、短期国債に投資していた外国銀行をあわてさせ、ロシアの証券の投げ売りが始まりました。債券市場では、ロシアの債券価格が一日で三割以上下落したばかりでなく、ブラジルやアルゼンチン向け債券も大きく値を下げたのです。その混乱は容易に収拾できず、ついに対ドル為替取引の停止にまで発展します。

この決定は、アメリカ政府やＩＭＦとの相談なしに下されたものでした。当日、モスクワにいたアメリカ財務省のデビッド・リプトン国際問題担当次官にも一言の相談もなかったといいます。

共産主義を放棄してからのロシアは、Ｇ７のサポートで市場経済化を進めてきましたが、実態はマフィア経済が蔓延し、援助依存の体質が根深く浸透してしまったようです。モラトリアムの決定にいたる直前まで、ロシア政府は米国やＧ７諸国に新たな追加支援を期待し、米国政府が応じてくれるものと思い込んでいたふしがあります。

実際に、対応策を話し合うため、リプトン財務次官が訪ソしていたのですから、ロシア政府が期待したのも無理はありません。このとき、ジョージ・ソロスたちヘッジファンドや西側の金融機関も、ロシア経済が破綻寸前であることはわかっていましたが、最後は米国が救いの手を差し伸べるものと信じ込んでいました。ＩＭＦだって手をこまねいてはいないだろうと。そこにいきなりのモラトリアム宣言。〝サプライズ〟効果は大変なものでした。

そのショックは、「世界の重要国ロシアでさえこうなるのだから、同じことがラテン・アメリカでも起こり得る」という連想を呼び起こしました。銀行やヘッジファンドは、貸し出し制限や、負債の返済・縮小などリスク回避に向けて一斉に走り出し、世界的な信用収縮が起こったのです。

その影響は当然のことながら、為替市場にもありました。円ドル相場は、八月一一日に一ドル＝一四七円になっていたのが、ロシア危機とその後のロシアのメルトダウンでドル安に反転、それにともなって円高に振れるという劇的変化が起きたのです。九月一一日には、一時一ドル＝一三〇円近くにまでになりました。

なぜ円高に転じたのか？　米国のヘッジファンドはそれまでキャリー・トレードといって安い金利の円を借り、ドルに替えていました。ドル安にならない限り、金利で大変なサヤを稼ぐことができるからです。

ところが、ロシア危機で負債を圧縮する必要に迫られました。そこで自分のドル資産を売らざるを得なくなったのです。キャリー・トレードの解消ということです。そうした行動に走った金融機関やヘッジファンドが一つや二つではないため、一斉にドル売りが始まり、円ドル相場は一〇月に入ると一ドル＝一一〇円台の展開になっていきました。実に二日間で一〇円以上も円・ドル相場が動くという、前代未聞の大波乱になったのです。

一カ月に二〇円も跳ね上がった円に、円ドルで相当のポジションを張っていたところは、とても対応できず、店じまいをせざるを得なくなりました。タイガー・ファンドが事実上消滅したのは、まさにこのときです。

一方、史上最強のヘッジファンドと言われたLTCMは、タイガー・ファンドとは違うタイプのオペレーションで知られ、為替よりも債券などの裁定取引を大掛かりにやってきたところです。スタッフにはノーベル賞を受賞した経済学者が二人、FRBの元副議長も参加していました。ウォール街の錚々たる人たちも「これは絶対儲かる」と思って、こぞって資金を委託していました。実際、デリバティブ取引によって四〇％を超える高利回りを得ていたといいます。

ところが、ロシア危機の直後から、ノーベル賞級の頭脳が計算しつくしたデリバティブの方程式も机上の空論となり、LTCMは運用資産の半分を失ってあっというまに破綻に瀕してしまうのです。まさにウォール街の危機であり、ローレンス・サマーズも「The world is going to hell.（世界は地獄に落ちる）」と言わざるを得なかったのです。

LTCMは事実上解散という形になりましたが、ニューヨーク連邦銀行の副総裁で、現在は財務次官を務めているピーター・フィッシャーが音頭を取ってアメリカの大手投資銀行や証券会社に奉加帳を回し、危機が金融システム全体に広がるのを防ごうとしました。

これではＩＦＭがアジアの国々の資本主義を「クローニー（縁故）・キャピタリズム」と批判した内容と五十歩百歩です。後日、私は国際会議などの場で、「ＬＴＣＭの救済は投資家の尻拭いではないか。アメリカにも護送船団方式があったとは知らなかった」と、皮肉っぽく揶揄したのを憶えています。ロシア危機がブラジルに飛び火し、世界同時クラッシュの不安がひろがる中、私はＧ７をはじめとするいくつかの国際通貨金融会議に出席し、その足で、ニューヨークにジョージ・ソロスを訪ねました。一〇月七日のことです。明らかに、いつもとは違う沈痛な面持ちのソロスが、そこにいました。前述したように、ソロスは、

「サカキバラ、これはギリシャ悲劇だ。誰もが悲劇的な結末になるとわかっているのに、何もすることができない」と語ったのです。

そのとき手渡されたソロスの新著『グローバル資本主義の危機』には、グローバル資本主義と呼ぶシステムは本質的に不安定なもので、何らかの公的制御装置を作らないと、世界経済の破綻は避けられないと論じられていました。

●現場に足を運べ

通貨当局のメンバーが、ヘッジファンドの事務所を訪ねることなど、普通はあまりやらないでしょうけれども、彼らとの情報交換は為替市場を見ていく上で非常に参考になります。元来、ヘッジファンドは情報公開が義務づけられていないので、その動きは容易には捕捉することができません。しかし、彼らはしばしば新しい流れを作り出そうと仕掛けてきますから、為替当局者としては目が離せない。それもまた情報ゲームの一つだと言っていいのです。

ヘッジファンドの動きを追う場合、彼らが使う外資系の銀行と接触するのも有効な手段です。たとえばモルガンスタンレーやゴールドマン・サックスなどのディーラーたちと連絡をとる。そうすると概略が見えてきます。もちろん、ディーラーたちが自分の顧客情報を漏らすことなどありません。でも市場の現状をどう見るか、どういうグループがどこと提携しているかといった話をしているうちに、ヘッジファンドの動きが察知できるのです。

彼らの動きがだんだん大きなファッションになってくると、同じファンドでも年金基金、それに投資銀行等が現われる。最後に日本の生保などの機関投資家が登場してくる。そのときには、ヘッジファンドはもう別の仕掛けに動いています。コンセンサス型の日本の組織では、耳よりの情報をキャッチしても、現場の判断で即応することはできません。リスクを取るには社内の同意が必要であるため、どうしても対応が遅くなってしまうのです。

ヘッジファンドは、たとえば前述したように、ソロスのクォンタム・ファンドでも、現場の第一線はまだ若いドラッケンミューラー等が仕切っていました。ソロスはもっぱら中長期的な展望と市場秩序のあり方に目を配り、火花の散るような日々の取引は、若い後継者に完全に任せているのです。このあたりも、コンセンサスを重んじる日本型組織とは大きな違いと言えます。

⑤ 日本の経済政策はなぜ効かないのか

●市場を知らない官僚と政治家

日本社会のメンタリティを考えるとき、しばしば「この国は社会主義国か？」と疑いたくなることが少なくありません。私は市場がすべてだという「市場原理主義」に対しては批判的です。それでも、これだけ市場経済化が進んでいるのに、政治家や官僚たちの市場に対する意識がかならずしも高くないのは、きわめて不自然な感じがします。どういう政策を打つにも、市場の反応がきわめて重要であるはずなのに、その意識がかなり欠落しているのです。

さらに問題なのは、市場というものが、ファンダメンタルズだけでなく、市場参加者たちの複雑な心理や思いが相互に影響し合い、ソロス流に言えば相互依存性によって決まっていくことを理解している者が、きわめて少ないことです。

とくに、マクロ経済学者には、経済はすべて客観的条件によって決まると信じて疑わない人たちが多く、市場が主観的な相互作用によって短期的だけでなく中長期的にも規定されるということを認めようとしません。それどころか、理論的に導き出したものを現実に当てはめようとします。

九〇年代に何度も導入された減税政策なども、その典型的な例の一つでしょう。マクロ経済学者の理論からすれば、減税すれば可処分所得が増えるわけですから、個人消費はかなり伸びるはずです。ところが実際には、消費者は将来のことが不安で、減税分の実質所得を消費しないケースが少なくありませんでした。

これなどは、理論的には効くはずの政策が、実際はまったく効果がなかった事例の最たるものでしょう。それでもなお多くのマクロ経済学者たちは、「理論的には効くはずなのだから」と平成十四年・十五年にも景気対策としての減税を勧めています。生身の経済よりも経済理論の体系性を愛する姿勢には、ただただ畏れ入るばかりです。

ここ数年の日本の経済政策は、そうした失敗を何度も繰り返してきました。理論は大切だし必要なものです。ですが政策が効果を持つためには、理論的に正しいかどうかよりも、市場心理を動かし得るかどうかが評価の分かれ道になります。

同じ政策でも、状況によっては逆の効果を持つことが起こり得ます。まずどういう政策なら市場に大きな影響を与え得るかを検討し、市場参加者の心理の琴線に触れるような政策を立案すること——それがいま政治家や政策担当者に求められている重要な課題だと思います。

よく「あの人は首尾一貫している」「信念を曲げない」という評価がホメ言葉として使われます。それに対して、情報の相互依存性とは結局「変節のすすめ」のように考える人がいるかもしれません。しかし、そうではないのです。たんに自分の信念だけを後生大事に守り通すよりも、状況に応じて柔軟に対処していく、言い換えれば相互依存性をつねに射程に入れながら、なおかつ主体的に行動することのほうがはるかに難しいのではないかと私は考えています。

●政策発表は情報戦争だ

二〇〇一年九月一一日、NYテロが発生した日、世界の主要国は首相や元首がすぐさま記者会見を開いてアメリカ国民に励ましのメッセージを送りました。ところが日本は小泉首相ではなく福田官房長官が最初の会見を開いたため、国際社会にテロに取り組む姿勢が弱いという予期せぬ印象を与えてしまいました。

政府の政策発表は、重要なパブリック・リレーションであり、ある種の情報戦争の開始を告げる狼煙のようなものです。いろいろな形でリアクションが予想される市場との戦いに、これから政府が入っていくサインと考えればよいでしょう。一政府の力というものは総体的に見て、日本のメディアが過大評価するほど強くはありません。限られた力を最大限に発揮するために、いつ、何を攻撃するか、戦略を練る必要があります。

ただ、何をやってもだめだという時期がかならずある。そういうときは、何もしないのも選択のうちだと心を決め、じたばたしないほうが賢明です。そうした二枚腰、三枚腰の情報戦略が、日本の政策担当者にはなさすぎた気がします。

日本の社会は戦前、ことに昭和に入ってからは情報に鈍感な社会でした。太平洋戦争では、日本軍の暗号はすべてアメリカにキャッチされ解読されていました。情報戦で、実際に戦う前からアメリカに負けていたわけです。連合艦隊の作戦も同様です。ルーズベルトが真珠湾攻撃を知っていたかどうかはともかく、日米の明暗を分けたミッドウェーの海戦は、そうした情報戦で敗れたことの必然的な帰結にすぎない、という説が有力です。

それでも、日本の強みは現場に優秀な人材が多いことでした。海軍でも陸軍でも局地戦では勝っているケースが随所に見られます。現場の兵は強かったのに、全体の力として統合されることがなかったのは、やはり戦争を遂行する国家指導者たちの戦略性の欠如に大きな問題があった。また、同時に同じことの表裏なのですが、情報戦争において敗北したことが致命的だったのです。

●機能的分権、戦略的集中

太平洋戦争の敗因となった情報戦略の欠如は、そのまま戦後社会に持ち込まれ、ついに克服されることのないまま今日まできています。「和を以て貴しとなす」という日本の集団主義的組織の中では、情報を軸に戦略性を培う必要はなかった。そのおかげで、情報戦略と言えば、何か騙したり騙されたりのスパイ映画しか連想できないほど、日本人の情報感覚は衰えてしまったのです。

もっとも、最近はそうした集団主義の悪弊を改めようと、人事評価を成果主義に切り替える会社が増えています。従来の年功序列賃金制度の風土の中では、自分だけでも飛び出して戦略的に何かをやろうという気風は生まれにくく、みんなと歩調を合わせて、上の指示待ちで仕事をするようになるからです。

もちろん、高度経済成長においては集団主義の特質がきわめて有効に働いたことは私も充分に認めています。また、そういう集団オペレーションが適合している分野もあるでしょう。しかし、世界のグローバルな市場でビジネス展開をしていく場合、もっと個人の裁量権を認めて、自由にやらせる風土でなければ、対応しにくいのは確かです。

市場がドラスティックに変化しているとき、生保など日本の機関投資家は社内のコンセンサスを待ってから参戦するため、結局、高値をつかんで儲けそこなったというような事例は枚挙にいとまがありません。情報感度の悪さ、機動性の欠如、戦略性のなさ、この三つの課題を克服しない限り、日本のトレーダーや機関投資家が国際金融市場で一目置かれる存在になるのは困難です。

情報戦略を考えるとき、情報をどうコントロールし、どういう相手をターゲットとして発信していくかが重要な課題になります。ですからすべて現場任せというわけにはいきません。やはり全体としての戦略が必要になります。

そこでよく言われるのが、「機能的分権・戦略的集中」という組織原則です。現場のオペレーションは現場に任せたほうがいい。そのためには分権が必要である。しかし、全体の戦略を考えるときは集権しなくてはならない――そのメリハリが必要だということです。

たとえば外務省など、かなりの数の書類を「極秘」扱いにする。すべて「極秘」なら、情報の価値は同じとなり、すべてが漏れるということです。そこは峻別すべきなのです。

組織の中でもこの情報はトップだけに留め、この情報は皆が共有したほうがいいというケースがそれぞれあるはずです。ある中小企業で、テレビ会議をやっていて、社員全員がそれに参加しているという。それもいいでしょう。とくに小さな組織の場合、情報を共有することが大切だということは確かでしょう。しかし、共有してはいけない情報もあるということもまた、事実です。

人事制度についても、優秀な人の足を引っ張るような横並び一線の評価システムを改めて、優秀な実績を残した個人にはボーナスを高くするといったインセンティブの体系に改めることも必要です。長年、日本的組織に巣くっている「嫉妬のシステム」は、もう改めるべき時期にきています。

【コラム❷】古典派経済学と新古典派経済学

英国の経済学者J・M ケインズは、自著『雇用・利子および貨幣の一般理論』第一章の冒頭で、題名を「一般理論」と名付けたのは、自分の議論と「新古典派」の議論を対比させるためだと記しています。そして、わざわざ「新古典派」という語句に注釈をつけ、次のように書いています。

〈「古典派経済学者」とは、リカードゥ、ジェームズ・ミルおよび彼らの先行者たち、すなわちリカードゥ経済学において頂点に達した理論の建設者たちを総称するために、マルクスによって発明された名称である。私はおそらく話法違反であろうが（たとえば）J・S・ミル、マーシャル、エッジワースおよびピグー教授を含めたリカードゥの追随者たち、すなわちリカードゥ経済学の理論を採用し完成した人たちをも「古典派」の枠内の中に含めるのを習慣としている〉（塩野谷祐一訳　東洋経済新報社）

一般に、古典派経済学はアダム・スミスから始まり、マルサス、リカードらによって発展させられた経済学の体系をいう（『経済辞典』有斐閣）と定義されます。しかし、ケインズは、「セイの法則」に基づいて、完全雇用を前提とした経済理論をうち立てた人々の全部、この著書を書く以前の自分をふくめて全部を「古典派」と呼んだのでした。

「セイの法則」とは、フランスの経済学者セイが主張した法則ですが、極端にいえば「供給は需要をつくる。つまり、つくった商品はすべて市場で売れる」という法則です。国民経済の視点から見れば、過剰供給で売れ残る商品が生じても、その一方では供給不足のために品不足が起こっている商品もあるために、それらのプラス・マイナスを合計すれば「総需要と総供給が一致する」というのです。

ケインズはこれを逆転させて、「需要が供給をつくる」「総生産は有効需要に等しくなる」と考えました。ケインズのいう有効需要とは「消費＋投資」

の合計です。これを大きくするには、投資意欲の減退している民間に代わって、政府による公共投資を増やせばいい。投資は乗数効果を生んで、有効需要が増えてゆく……。

ケインズがそう考えるにいたった背景には、一九二九年に始まる世界恐慌の悲惨な現実がありました。同じ経済学者でも、セシル・ピグーは失業者のあふれる恐慌の現実を目の当たりにしても、「古典派経済学が間違っているのではない。労働市場のほうが間違っている」といって、自説を変えようとはしなかったといいます。古典派経済学では、失業は労働力市場における価格調整過程でたまたま現れる過渡的現象にすぎず、賃金さえ下がれば、やがて失業はなくなるとされてきたからです。

ケインズ以前と以後では経済学は大きく変わりました。アダム・スミス以来の古典派経済学が主張してきた「自由放任がいちばん。そうすれば見えざる神の手（レッセ・フェール）が働く」という市場至上主義が、かならずしも完全ではないことが認識されたことです。

ところが、ケインズとは反対に、市場至上主義的な経済観を、市場均衡の新しい理論的分析に結びつけた、新しい「古典派経済学」をうち立てた人々がいました。ワルラス、ヒックス、P・サミュエルソンとつながる「新古典派」のエコノミストたちです。個人（消費者）は効用の最大化を求めて合理的に行動し、その結果、市場の均衡がもたらされるという考え方が根底にあります。

さらに二〇世紀も後半になると、ミルトン・フリードマンのような「通貨量が経済を左右する」とする反ケインズのマネタリストも現れます。

彼らに共通しているのは、やはり国家の市場への介入を原則的に嫌うことでした。その意味では、新古典派の中にもしっかりと古典派経済学が引き継がれているのです。

第三章

為替の予測など当たるはずがない

本章の
キーワード

プロジェクト・ファイナンス
と
ワシントン・コンセンサス

①　ローレンス・サマーズのIQジョーク

●アインシュタインの面談

大蔵省（現財務省）で為替政策を担当していた頃、私の米国財務省におけるカウンター・パートは、現在、ハーバード大学学長を務めているローレンス・サマーズ副長官（九九年に財務長官に昇格）でした。

サマーズは、父方にポール・サムエルソン、母方にケネス・アローという二人のノーベル経済学賞を受賞した叔父がいて、父親もまた経済学者という名門に生まれた経済学者です。一九五四年生まれですから、まだ四〇代後半の若さです。

ハーバード大学を卒業し、二八歳で同大学経済学部教授に就任しています。この史上最年少の教授就任の記録はいまも破られていないといいますから、学生の頃からその天才ぶりは轟いていたのでしょう。九一年に世界銀行のチーフ・エコノミストになり、九三年に財務次官、九五年財務副長官、九九年財務長官と、九〇年代は主に財務省でルービン長官との名コンビで国際金融の舵取り役を務めました。

アメリカというのは彼のような天才型の人材を大切にする国だから良かったけれど、日本ならとっくに潰されている可能性が高いでしょう。傲慢な印象を与えるので、議員たちの評判は余りよくなく、かなりの反発がありました。日本の政治家たちが訪問して、関係のない質問をすると「なんでそういうバカな質問をするんだ」といった感じで横を向いてしまったといいます。やたら有名人に会いたがって、つまらない質問をする多くの日本の政治家たちが悪いのですが、普通は嫌でも愛想よくするものです。サマーズはとてもそんなことは我慢できず、顔に出てしまうのでしょう。

日本でもそうですが、財務副長官という立場ですと、講演等の後によく「為替レートはどうなりますか」という質問を受けることがあります。サマーズの答えはふるっていました。彼は次のようなジョークで、煙に巻いたのです。

——アインシュタインが亡くなって天国に行ったときの話ですが、神様は天国の入口でアインシュタインに一つの仕事を命じました。それは天国に入ってくる者の職業を決めてほしいというものでした。

アインシュタインは、天国の入口にすわって、後から入ってくる人間の面接を始めました。最初にやってきたのは、見るからに頭のよさそうな人物でした。そこでアインシュタインは、こう質問しました。

「あなたのＩＱ（知能指数）はいくらですか」

男は答えました。

「二〇〇です」

すると、アインシュタインは言いました。

「それなら相対性理論でも研究しなさい」

次に登場したのは、ＩＱが一五〇の男でした。アインシュタインが、その男のために決めてあげたのは、「世界経済の予測」の仕事でした。

最後に現われたのは、ＩＱが六〇の男でした。それを聞いたアインシュタインは、厳粛な顔で、こう言いました。

「では、為替相場の予測でもしていなさい」――


サマーズは、将来の為替レートは誰も正確に予測できないことを、このようなジョークに託して伝えようとしたのでしょう。アメリカの為替関係者等の間では、かなり有名なジョークとして語られています。口伝ての間に脚色されたのか、いまでは細部の異なるいくつかのバージョンがあるようです。

たしかに、これだけ自由な市場で、これだけ多数の人が参加している上に、世界のあらゆる情報が反映している為替レートは、サマーズの言うように誰にも予測することはできません。どこかの国でクーデタが勃発したり、大災害が起きるだけですぐ変わるのです。為替レートを予測できると思うほうが間違っている、としか言いようがありません。

それでは予測することにまったく意味がないのかと言えば、そうではありません。予測という知的作業なくして為替市場にかかわることは、とうてい不可能です。逆説的な言い方ですが、予測という大切な作業をする際には、何よりも「予測は当たらない」と認識しておくことが大切だということです。

その上で、いま市場で一般的になっている予測を徹底的に再検証し、複数のリスク・シナリオを書いてみる。いま多くの人が予測していることは、ひょっとしてこの前提条件が変わるとこうなる、あの前提が変わればこうなる、という具合に複数のリスク・シナリオを作ってみるのです。

資産運用をする人は、かならず複数のリスク・シナリオを持ってリスク回避を図っています。たった一つの運用方法に全資産を委ねるのでは、危険が大きすぎるからです。分散投資により資産の安全な運用を図りながら、一方で若干のリスクも取っていく。これも「予測は当たらない」という鉄則を前提にしての話なのですが。

●サマーズのコーン・パイプ

ところで、サマーズは明らかに「天才的」な能力を持っているのですが、周囲のサマーズ評はかならずしも良いものばかりではありません。どんな相手であっても歯に衣着せずズバズバと論破してしまう性格がわざわいしてか、「サマーズに謙虚さを求めるのは、マドンナに貞操を求めるようなものだ」という辛らつなジョークがあるくらいですから、かなり傲岸という印象を周囲に与えてきたようです。

実際、議論をすると、こちらの主張に真っ向から反対する意見をぶつけてくることもしばしばあります。それでも、どんなに激しい言い争いになっても、彼の発想には「お前は日本を代表し、俺はアメリカを代表している。だから対立するのは当然だ」と割り切ったところがあります。その対立を根に持つような陰湿なタイプではありません。立場が違えば意見が違うことを、彼はきちんと理解しているのです。

九八年の夏、マサチューセッツ州のある町で、ハーバード大学が主催して、サマーズをゲスト・スピーカーとする日米関係、とくに金融問題を主要テーマとした国際会議が開かれたことがあります。この町はサマーズの故郷に近かったので、ディナーにはサマーズの両親も参加していました。そのためか、列席した私の目にもサマーズはめずらしく緊張気味でした。

おもしろかったのは、彼のスピーチが始まる前に、ハーバードの仲間たちがおどけて、「サマーズにコーン・パイプをプレゼントしよう」という話が持ち上がったことです。コーン・パイプは、かつてGHQの総司令官だったダグラス・マッカーサー将軍が愛用していたものです。多くの場合適切な政策なのですが、独裁的に日本に自分の意見を押しつけるところが共通しているという訳なのです。しかし、いざとなるとハーバードの連中は躊躇して、「これはやめておこう」という雰囲気になりました。でも、せっかくの余興です。私が予定どおりプレゼントはすべきだと押すと、「ではサカキバラ、君がやれ」と、なんとコーン・パイプを渡す役目が私に回ってきてしまったのです。

やむなく私は、サマーズのスピーチが終わると、彼のところに駆けよってコーン・パイプを手渡したのですが、そのとき一言、「彼はいつも言いたいことをズバズバ言うので、日本ではマッカーサー将軍というあだ名がついています」と言ったところ、会場からはやんやの喝采を受けました。おそらく両親がいたからでしょう、サマーズはすっかり照れていました。後にも先にも、あんなに照れたサマーズの姿は見たことがありません。

●ルービンとサマーズ、あうんの呼吸

財務副長官時代のサマーズのことで、もう一つ印象的だったことがあります。それはルービン財務長官との絶妙のコンビぶりです。前にルービンは「グッド・リスナー」だという評判を紹介しましたが、それだけでなく大変な自信の持ち主と見受けました。

G7の大蔵大臣会合は、大蔵大臣と次官、もしくは財務官、それに時として中央銀行総裁が出席するのが普通です。アメリカの場合は、ルービン財務長官とサマーズ副長官そして、場合によるとグリーンスパンFRB議長が出席します。

会議が始まると、日本やフランスの場合は、発言のほとんどは大臣が行います。大臣は政治家ですから表に立って発言し、専門家の財務官は補足的な意見を述べるだけです。ところがルービン長官は、発言の半分以上をサマーズ副長官に任せ、自分はウン、ウンとうなずいているだけのことが多いのです。

これはルービンの自信の表れとも言えます。才能豊かな副長官を上手に使いこなしなが

ら、肝心なところは自分が押さえている。二人の息の合ったコンビネーションは、じつに印象的でした。そのコミュニケーションのよさが、九〇年代後半のアメリカ経済を未曾有の繁栄に導いたのです。ちなみに、サマーズがハーバード大学の学長に就任したのは、面倒見のよいルービンの強力な後押しのおかげだったといいます。

② 陰謀説では市場は読めない

●情報のない人が作る陰謀説

傲岸とも言われたサマーズが「為替レートは予測できない」ことをジョークとともに語ったという逸話は、為替市場の実態を熟知している人間の、むしろ謙虚で正直な告白とみることができます。

逆に、一見もっともらしく聞こえるのですが、実はまことに傲岸で不誠実と言わざるを得ないのが、国際金融の解説本などでよく登場する陰謀説的なものの見方です。たとえば九七年のアジア通貨危機に関して、こんな陰謀説がありました。

——アジア危機の少し前から、ＡＳＥＡＮ諸国の政府経済統計はエシュロン（米国を中心とする世界的通信傍受協力体制）により傍受され、ウォール街に流された。エシュロンは、もともとは東西冷戦の時期、共産圏諸国の軍事的な通信傍受用に開発されたものだが、冷戦後は経済戦争用に活用されていた。

エシュロンで傍受した情報がどんな内容だったかは不明だが、ＡＳＥＡＮ各国の政府がその統計を公式発表する前に、米国のヘッジファンドはすでにそのマクロ統計を手にしていた。タイ、インドネシアなどＡＳＥＡＮ諸国の経済は、脆弱な金融体質のところに欧米の短期資金が流れ込み、インフレが昂進してバブル経済と化していた。

このインフレにより、ドルとペッグ（実質対米ドル固定相場制）していたＡＳＥＡＮの通貨に切り下げ圧力が働いていた。また、半導体不況等で経常収支が悪化していたにもかかわらず、民間企業の多くは短期資本を導入して過大な設備投資や不動産投資に振り向けていた。まさにバブルのはじける直前の状態だった。

この情報を得たヘッジファンドは、タイなどで一斉に売り浴びせ、投入していた資本を引き上げたため、通貨危機が起きた。このとき、ＡＳＥＡＮ諸国の経済をガタガタにしたジョージ・ソロスたちの投機的な行動を、米国は陰で支援していた。その時期、「アジアの奇跡」で急成長したＡＳＥＡＮ諸国は、政治的にも軍事的にも自立への歩みを開始し、米国離れの道を模索していた。米国はこれをパックス・アメリカーナへの挑戦と見なしていた。ＡＳＥＡＮの自立は米国の覇権を殆《あや》うくするととらえたのだ。

そこで米国は、ソロスたちを使ってＡＳＥＡＮ諸国の経済を壊滅状態に追い込み、そのあとはＩＭＦの管理下において米国のプレゼンスを維持することにみごと成功した——。

以上が、虚実をたくみに織り交ぜて構成し、ヘッジファンドと米国の両者を悪玉に仕立て上げた一つの陰謀説のシナリオです。軍事と経済の絡みをついてかなり説得力があるように見えますが、肝心の米国政府とヘッジファンドの結びつきが検証されておらず、エシュロンの詳細もはっきりしません。

陰謀説としては、もしこれにジョージ・ソロスがハンガリー生まれのユダヤ人であることをつけ加えれば、今度は巷間に流布するユダヤ陰謀史観的なユダヤ人の世界制覇物語に改編することもできます。

ソロスの場合は、九二年に英国のポンド危機に乗じて大相場をはったときも、背後にEUの結束に楔を打ち込みたいアメリカの意を受けていたと、まことしやかに語られたことがあります。

しかし、結局のところこれらの陰謀説は、推理小説的なおもしろさはあっても、実情は中途半端な情報しか持っていない人たちが、苦しまぎれに描く粗雑な市場解釈物語にすぎないと言えます。知的態度としては、真実の探求をどこかで捨ててしまった退廃的なものを感じざるを得ません。たとえばアメリカに関してはフリーメーソン、ユダヤ、CIAに始まってありとあらゆる陰謀説が出そろっています。UFOはアメリカの秘密兵器だとか、キッシンジャーはフリーメーソンである英国王室に雇われたスパイだとか……。9・11の同時多発テロに関しても、ブッシュ政権と軍需産業が真犯人で、ビンラディンとブッシュはグルだったといった説が流布しています。しかも、陰謀説にナショナリズムの感情がもぐりこんだ場合は、さらにやっかいで、ときにはとんでもないスケープゴート攻撃を生み出すことになります。その典型の一つが、長銀を買い取る際に瑕疵担保条項をつけた米国資本のリップルウッドに対して、「悪辣な外資が米国政府とウォール街を背景に日本を食い物にする」という批判です。

情報が充分に開示されないままリスクを負って銀行を買い取るような場合は、どんな企業でも「もし何かあったらこうしますよ」という付帯条項をつけるのは、ビジネスとして当然のことです。それをあたかも悪玉外資が、最初から日本政府をだますつもりで瑕疵担保条項をつけ加えたかのような陰謀説で批判する論者が少なくありません。

そういう外資陰謀説は、日本に本格的な不良債権処理ビジネスが定着し、日本経済の足かせとなっている不良債権処理をさまたげることになっています。それにリップルウッドには日本の三菱商事等も最大の株主として資本参加しているのですから、純粋な外資とは言えません。感情的な外資反撃論がいかに事実を見誤っているか、リップルウッド批判論はよく示しているとも言えます。

●「キューバ危機はソ連の陰謀」か

日本のメディアで陰謀説がひんぱんに登場するのは、一つにはメディアの記者たちがクラブ制度というカルテル体質のために、自分で生きた情報を取る努力をしなくなったことに遠因があるかもしれません。

自分で取材せず、官庁が用意した資料でしか記事を書かなくなった昨今の記者たちにとって、陰謀説はものごとをわかりやすく説明してくれる麻薬のようなものです。いながらにして、世界で起きる事件の裏側が全部説明できてしまうのですから、これほど便利なものはないでしょう。

しかし、たとえば一九六二年一〇月のキューバ・ミサイル危機を分析したグレアム・アリソンの『決定の本質』(宮里政玄訳、中央公論社)を読むと、陰謀説的なものの見方がいかに単純すぎるか、真実に迫っていないかがわかります。

東西冷戦の最中に起きたこのキューバ・ミサイル危機は、ソ連がキューバに攻撃的なミサイル基地を建設していることを米軍の査察機が発見し、ケネディ米大統領はソ連にミサイルの即時撤去を要求するとともに、米海軍に命じてキューバに向かう船舶を捜査する事実上の海上封鎖を行った事件です。

ソ連の出方次第では米ソ核戦争に発展する怖れがあり、世界中が緊張して見守る中、米ソ首脳が瀬戸際で正面衝突を回避したことは、いまも語り草になっています。もし核戦争が勃発していれば、〈一億人のアメリカ人、一億人以上のソ連人、数百万人のヨーロッパの人びとが死んでいたであろう〉と、アリソンは同書に記しています。

ソ連はなぜ戦略攻撃用ミサイルをキューバに持ち込んだのか。なぜアメリカはキューバに対するソ連の輸送を海上で封鎖する形で反応したのか。なぜミサイルは撤去されたのか。ミサイル危機の「教訓」とは何か……これらの疑問に、充分納得のいく説明はいまだに現われていない。これをアリソンは次の三つのモデルを用いて分析することを提起しています。

第一は、合理的行為者モデルと呼ばれるもの。ある政策決定を政府のある目的に沿った行為として理解し、予測しようとするアプローチです。たとえば、キューバにミサイル基地を建設することが、当時のソ連にとってはいかに合理的であったかを、ソ連の戦略目的に照らしながら、このモデルを用いて説明しようというのです。

第二は、組織過程モデル。ある政策決定を、政府を構成する国内の巨大組織の出力としてとらえるアプローチです。このモデルによれば、ソ連の機構を判別し、行為を生み出す行動パターンの分析が主になります。

第三は、政府内＝官僚政治モデル。政府内プレーヤー間のさまざまなかけひきのゲームから派生する結果に注目するアプローチです。プレーヤー間のどんな種類のかけひきの、どの結果が重大な決定と行為を生み出したのか、誰がどう動いてこうなったか、といった政治的な派生結果を見ていくのです。

これら三つのモデルから導かれた結果を、比較し、総合することでキューバ危機の真実が見えてくるとアリソンは考えたのでした。この本の出版は、一九七一年。キューバ危機からすでに一〇年の歳月を経ようとしているのに、当時のアメリカで主流を占めていたのは、「キューバ危機はソ連の陰謀だ」と決めつける論調でした。いわば第一のモデル＝ソ連は一枚岩という見方のみからする決めつけです。東西冷戦時代のことなので無理もないことですが、アリソンの問題提起は、陰謀説にとらわれず真相を解明していくことの大切さを説いたものとして、注目されました。

アリソンの第二モデルと第三モデルはものごとを多角的、重層的にとらえるために役立ちます。為替市場もこのようなモデルを用いてさまざまなファクターを考慮しなければ見えてこない。一面的な陰謀説やイデオロギーに依拠していては、複雑な政策決定過程や市場での価格決定プロセスを説明できないのです。

③ 失敗のほうが成功よりも情報量が多い

●失敗を前向きにとらえたソロス

ジョージ・ソロスが、カール・ポパーの哲学を継承・発展させて、Fallibility（誤謬性）とReflexivity（相互作用性）という二つの概念を軸とした独特の市場哲学を形成していることは、すでに第一章で触れました。

人間の知は不完全で誤謬をおかすものであるというソロスの認識は、サマーズの「為替市場は誰にも予測できない」という考え方とどこかで響きあっています。しかし、予測に失敗することはかならずしも悪いことではありません。次の段階のより正確な予測に向けて努力をする契機になるからです。そのことをソロスは、著書『グローバル資本主義の危機』（大原進訳、日本経済新聞社）の中で、こう述べています。

〈誤謬性という語にはマイナスの響きがあるが、大いに鼓舞されるようなプラスの側面もある。不完全なものは改善することができる。われわれの理解が本来的に不完全だという事実は、われわれが学んで理解を改善することが可能だということを意味する。

必要なのは、われわれの誤謬性を認めることだけである。それによって批判的な思考への道が開かれる。そしてわれわれの現実理解がどこまで到達できるかという点に関しては、限界はないのである。われわれの思考においてだけでなく、われわれの社会においても、改善の余地は無限なのである〉

ソロスは、誤謬性を自覚することで、自分の市場予測や解釈の誤りをいつも警戒し、誤りを発見すると迅速に修正するように心がけたといいます。成功はものごとが自分の思惑どおりにいった結果ですから新しい情報は入らない。でも失敗したときは、思惑以外のことが起こったので、情報としては新しい。つまり失敗は成功よりも情報量が多いのです。

●失敗を許さない日本社会

失敗を飛躍のチャンスと考える発想は、失敗を許容し、挑戦を賞賛する社会風土が前提となっています。日本でも最近畑村洋太郎さんが「失敗学」を提唱してようやく「失敗から学ぶ」ことの必要性が認識されつつありますが、アメリカでは、超優良会社のGEやIBMでさえも、一度は倒産状態になり、その後に優れた経営者が現われて再建した長い歴史があります。そうした経験から「企業は倒産する可能性を秘めている」という認識が社会全体に共有され、経営者個人には何度でも挑戦することをほめたたえる精神的風土が、社会の活力を生む目に見えないインフラになっていると言えます。

それに比べると、日本の経営者たちは、一度失敗すれば「あいつはもうダメだ」と言われ、二度と立ち上がれない社会システムに苦しめられています。その原因の一つに、日本の金融システムの問題があることは間違いありません。

日本では銀行は多くの場合、プロジェクトではなく「企業」にお金を貸しますが、アメリカの金融機関はプロジェクト・ファイナンスといって、その企業が取り組む「プロジェクト」にお金を貸すことが通例です。「プロジェクト」からどれだけ利益が上がるかを計算して融資するのです。

日本では多くの銀行の融資はあくまで「企業」に対する貸し付けであり、中小企業経営者にはほとんどの場合個人保証、あるいは連帯保証をさせ、個人財産を担保に取ります。ですからもし倒産すれば、個人財産はすべて差し押さえられて、経営者は路頭に迷うばかりか、「脱落者」という大変な、社会的に不名誉な刻印を押されてしまいます。倒産した中小企業経営者の間に自殺が少なくないのは、そういう背景もあるのです。

本来は、株式会社にしろ有限会社にしろ有限責任ですから、中小企業経営者が自殺して生命保険金で借金を返すというところまで追い詰められることはないはずです。それでもなお自殺者が後を絶たないのは、企業が倒産しないということを前提にした、企業に対する融資というシステムの問題であると同時に、失敗者には厳しい社会風土があるためでしょう。

そうした悲劇をなくし、中小企業経営者が失敗をおそれずに何回でも再挑戦できるような社会にしていくためには、やはり銀行融資のあり方をプロジェクト・ファイナンス型のものに変えていったり、ベンチャー・キャピタルの仕組みをつくったり、金融システムの構造を変えていく必要があります。

同時に、企業経営者や従業員の側も、会社というものはつねに倒産の可能性を秘めているという厳しい認識を持つ必要があります。民間の大手企業の中には、役所以上に官僚的な会社が少なくありません。そういう会社ほど戦後の成功体験にしがみついて現状の制度を維持することに汲々とし、しかも会社のトップがその保守性に気がついていないということが多いのです。

市場では失敗はかならず起きます。神様以外に一〇〇%の成功はないのです。市場での失敗と向きあうことは、思考のトレーニングにもなるし、また、本来の意味での経営やガバナンスの基本にもなります。失敗することは当然だと考え、そこから新しい情報を得て新しい対応の仕方をつねに学んでいく、そういう態度をとらなければ組織はかならず硬直化し、結局のところは競争に敗けていくことになってしまうのです。

④ 定見を捨て、現実を直視せよ

●「ＩＭＦは傲慢だ」

たった一枚の報道写真が波紋を呼び、思わぬ国際問題に発展することがあります。一九九八年一月、インドネシアのスハルト大統領は、前年からのアジア通貨危機で崩壊寸前の経済を立て直すためにＩＭＦの融資を受け入れました。調印式の際、ＩＭＦのカムドシュ専務理事が、署名をするスハルト大統領のそばで腕組みをして大統領を見下ろしていたのです。

この写真が発信されると、インドネシア国内はもとよりアジアの国々からカムドシュ専務理事に対する激しい非難の声が上がりました。ジャワの慣習として、人の前で腕を組んだり足を組んだりするのは失礼だということがあります。私もインドネシアのスハルト大統領やハビビ大統領と会いましたが、事前に「絶対に足を組んだりしてはいけないよ」と言われました。サマーズがそのあと行ったときにも、現地の慣習をブリーフされ、彼にしてはめずらしく、きわめて行儀が良かったようです。もちろん、カムドシュ本人はそんなに傲慢な人ではないし、大統領を軽んじるような意識があったとは思えません。

ＩＭＦに対する反感は、あの写真報道がなくても、やがてアジアのどこかで噴出したことでしょう。九七年のアジア通貨危機ではタイ、インドネシア、韓国の三カ国がＩＭＦの支援を要請し、タイへ四〇億ドル、インドネシアへ一〇〇億ドル、韓国へ二一〇億ドルと、三国合計三五〇億ドルのＩＭＦ融資が認められました。

ところが、その融資条件は①金融の引き締め、②財政均衡、③金融システム改革、④公的企業の民営化や金融機関のリストラを含む構造改革、といった縮小均衡型の経済政策パッケージの実施を迫るものでした。

しかも、経済の発展段階、そして、危機の展開の局面は三カ国それぞれに異なっていたのですが、マクロ経済学の教科書どおりに判で押したように高金利・緊縮財政の経済運営を押しつけたのです。このやり方は、いわば患者が衰弱しているのを承知で、あえて手術を施すようなものだと言えましょう。

最悪のケースはインドネシアです。セーフティー・ネット（たとえば預金の公的保証）が存在しないところでの、突然の銀行の閉鎖が金融パニックを起こしたのは当然でした。また、ＩＭＦはこの国の政治システム・社会システムの安定のために不可欠だった食料や流通の補助金の撤廃など政治的・社会的にきわめて困難な改革を突きつけたのです。無数の島、しかも多くの島はきわめて小さく民間ベースでは必要な運搬交通手段を確保できない島嶼国家に対して流通に関する補助金を全廃しろというのは無理な要求です。しかし、IMFはこれを強要し、インドネシア政府はこれをやむを得ず受け容れました。インドネシア国民の反感は高まり、九八年五月に補助金撤廃によって、ガソリンの価格が値上げされると、ついに各地で暴動が巻き起こり、スハルト大統領が退陣に追い込まれてしまいました。

支援融資の条件とはいえ、そこまで債務国の経済運営に介入することが許されるのか、そもそも欧米の連中にアジアの事情などわかるはずがない、という批判の声が上がったのも当然です。アメリカ国内でも議論が起こり、ハーバード大学のジェフリー・サックス教授とIMFのスタンレー・フィッシャー副専務理事が、九七年一二月一一日と一七日付「フィナンシャル・タイムズ」で論争を闘わせています。

サックス教授は「東アジアの通貨危機は、投資家の信認を失って、それまで経常収支の赤字をファイナンスしてきた短期資本が急に流出したことにある。東アジアは経常収支の赤字を除けばマクロ経済のファンダメンタルズは健全（財政は黒字）だ。ラテン・アメリカと同じ緊縮的マクロ政策を課すのは誤りである。なぜなら大変な通貨収縮が生じ、かえって経済活動を阻害するからだ。それにアジアの対外債務の多くは民間債務でIMFの融資は結果的に海外の投資家や東アジア諸国内の金融機関の損失を公金によって補填することになる。つまり、IMFがモラルハザードを助長することになりかねない」と批判しました。

これに対してフィッシャー副専務理事は「IMFの融資条件は、各国の経済情勢を充分に考慮して柔軟に対処したものである。その証拠にラテン・アメリカへのIMF融資では見られなかった構造改革を新しく要請している。官民の癒着構造、いわゆるクローニー・キャピタリズムから生じた金融部門の非効率性こそアジア通貨危機の元凶だったからだ。融資条件を実行するに当たり、一時的に痛みは伴うだろう。しかし、長期的には東アジア諸国の経済成長に資するはずだ」と反論したのです。

この論争はサックス教授に明らかに分があります。たしかに東アジアの国々の金融体質は脆弱でしたが、そういう国々は世界中に数多く、なぜ東アジアで通貨危機が起きなければならなかったのか、フィッシャー副専務理事の反論では充分な説明になっていないからです。

●究極の官僚組織・ＩＭＦ

アジア通貨危機におけるＩＭＦの対応については、厳しい批判が出ていますが、まだ評価が定まっていないところもあります。ルービン財務長官は九八年七月にタイを訪問した際、「この地域の人々に困難を強いているのは承知しているが、困難は危機による産物であってＩＭＦの再建策によるものではない。道のりは険しいが、持続的成長を取り戻すには、唯一最善の方法だ」とＩＭＦを弁護していました。

たしかに、ＩＭＦが課した政策、とくにその構造改革政策は、結果として当該国のプラスになったものも少なくなく、また、外圧なしにはその国だけではなかなか実行できないものでした。しかし、どの融資国に対しても判で押したように緊縮財政、金融引き締めのパッケージを押しつけるのは、いかにも画一的かつ硬直的対応でした。絶対に正しい理論があり、それを実行すればかならず成功するという驕り、失敗から学ぼうとしない体質、これがＩＭＦの最大の問題です。

実は、この無謬性の論理は、官僚機構、あるいは硬直化した大組織に共通した病弊です。ルービンやソロスの哲学を引用しながら私が強調してきた、失敗から学ぶ、市場から学ぶという考え方とはまったく正反対のものです。そして、こういう傾向は、市場の競争から遠いところにあれば、ある程度強くなってきます。つまり、失敗が失敗として、直ちに跳ね返ってこないので、そこから学ぶということが難しくなるのです。失敗を失敗として認めないで組織弁護、自己弁護のための論陣を張る、日本の役所や大組織でしばしば見られる光景です。

ＩＭＦは、いわば国際的官僚組織です。同じ官僚組織でも、国や地方の官僚組織は政治やマスコミに若干はもまれるのですが、国際的官僚組織にはそれもありません。まさに、「究極の官僚組織」という側面があるのです。私も一九七一年からＩＭＦに四年間出向した経験がありますが、その当時の強い印象の一つは、「大蔵省より官僚的なところがあるというのはまったく驚きだ」というものでした。私は、出向でしたが、多くの職員は終身雇用で、母国に帰りたいという人はどちらかというと少なく、一生、ワシントンで、ＩＭＦで暮らしたいという人が多数派です。ある意味では、「日本的」組織とでも言えるのでしょうか、仲間意識が強く、ＩＭＦ自体が一つの閉鎖的共同体なのです。馴染んでしまえば、「家族的」でいいところもあるのですが、同じ人たちと一生、家族ぐるみで付き合うというのは窮屈なものでもあります。組織内ではきわめて人間関係が濃密になり、外に対しては防御的に反応をする。まさに閉じた官僚機構の典型なのです。

ＩＭＦのスタッフのほとんどがアメリカの大学の経済学部でＰｈ・Ｄを取得したエリートたちです。また、その大部分がいわゆるマクロ経済学の専門家です。

そして、伝統的にＩＭＦでは貨幣数量説と呼ばれる、貨幣の発行量が生産や価格を決定する主要な要因であるという、いわゆるマネタリスト的な考え方が主流をしめてきました。ノーベル経済学賞を取ったミルトン・フリードマンやロバート・ルーカス等によって代表される学派です。程度の差こそあれ、現在の経済学者のかなりの部分がこうした考え方の影響を受けているということを考えると、「主流的」なものの考え方だと言うこともできるのでしょう。マネタリスト的傾向が強い、新古典派経済学とでも言ったほうがいいのでしょうか。

実は、新古典派的枠組みの中で経済政策を考えているという意味では、前述のサマーズやフィッシャーも同じ立場に立っています。そして、アメリカ政府、ＩＭＦ、あるいは、世界銀行といったワシントンに本拠をもつグループの基本的な経済政策上のものの考え方は、しばしば、ワシントン・コンセンサス（ワシントンの合意）と呼ばれています。この「新古典派的」合意を簡単に要約すれば、適切（新古典派的）なマクロ政策と、貿易と資本の自由化ということができるのでしょう。

東アジア危機でのＩＭＦの処方箋に対する批判の本質的な部分は、実はこのワシントン・コンセンサス、さらには新古典派的経済政策の枠組みをどう考えるかというところにあります。

多くのエコノミストたちがアジア危機に対するＩＭＦの対応を批判しながらも、かならずしもＩＭＦや国際金融システムの抜本的改革に賛成しないのも、彼らがぎりぎりのところでは、この新古典派的枠組みから出られないところにあります。一九九八年から九九年にかけて、東アジア危機がおさまったとき、Ｇ７諸国はいくつもの国際会議を開催し、また、金融安定会議（Financial Stability Forum）等という新組織を作って、国際金融制度改革の議論をしましたが、大した結論を出すには至らず、現状の微調整に終わったのも、結局のところは、ここに原因があったのでしょう。

こうした中で、敢然とＩＭＦ批判、新古典派経済学批判、そして、ワシントン・コンセンサス糾弾を行ったのが、二〇〇一年のノーベル経済学賞をとった現コロンビア大学教授のジョセフ・スティグリッツでした。彼の近著は『世界を不幸にしたグローバリズムの正体』というタイトルで日本語にも訳されていますが、彼の主要論点は、グローバリズム批判ではなく、ワシントン・コンセンサス、新古典派経済学批判でした。彼の舌鋒は鋭く、ロバート・ルービン、ローレンス・サマーズ、スタンレー・フィッシャーといった、一方ではその能力と業績を認知されている人々を名指しで非難したため、この著書は、今でも多くの論争を巻き起こし、少しやりすぎではないか、との批判も浴びています。

彼がノーベル経済学賞を取った主たる業績は情報の経済学なのですが、そこで彼は、情報の非対称性、不完全性などを指摘し、新古典派的枠組みを批判する理論的ベースを作ったのです。この意味で、スティグリッツの今回のワシントン・コンセンサスの糾弾は彼の理論的立場に整合的なものなのです。IMFを中心とする貨幣と完全な市場を前提とする枠組みではなく、信用（クレジット）という、いわば情報のかたまりである金融の核心的機能が不完全な市場の中でどう動いていくべきかを分析すべきだという彼の理論的立場は、私、あるいは金融の実態を知る多くの人々にはきわめて説得的なものです。

第一章でソロスの市場の見方を紹介しましたが、ソロスもまた、Fallibility（誤謬性）とReflexivity（相互作用性）という二つの概念を軸に、情報の重要性と人間の知識、市場の不完全性を強調し、新古典派的枠組みを激しく非難しています。彼はワシントン・コンセンサス的考え方を市場万能主義（Market Fundamentalism）と呼び、この市場万能主義を共産主義と同じく、誤った極論だと非難しているのです。

一見、まったく逆の立場にあるように見えるジョセフ・スティグリッツとジョージ・ソロスが、実は、かなり似通った考え方を、理論的にも政策論的にも持っているということは面白い現象です。私に言わせれば、理由は簡単、二人とも市場や政策と市場の相互依存性を現場で充分学んでいると同時に、それを理論的、抽象的に展開する能力を持っているからです。それに比べ、ＩＭＦの国際官僚をはじめ、多くの官僚的な既存の多数派は、自らが支持する理論的枠組みにしがみつき、市場や現実から学ぶということを放棄してしまっているのです。現実、あるいは市場、そして、そこから得られる情報はきわめて豊かなものです。それに比べ、理論は簡単に現実を理解する枠組みを与えてくれるという意味ではきわめて有益なのですが、これで現実を切り続け、現場からのフィードバックを失ってしまうと、しだいに乾いた、貧弱なドグマになってしまうのです。

この、理論と現実のダイナミズムにつねに留意してものごとを考えられるのは、おそらく、ごく限られたエリートたちだけなのかもしれません。多くの場合、共産主義でも市場万能主義でも、しだいに現実から離れてドグマ化し、現実を理解する枠組みを与えるどころか、現実を歪め、誤った政策を実行させる原因になってしまうことが少なくないのです。

この意味で、スティグリッツのＩＭＦ批判は適切なもののように私には思われます。たとえば、ＩＭＦのアジア・太平洋局には「優秀」なマクロ・エコノミスト、それもマネタリズムに近いマクロ理論に通じた人々は多いのですが、アジアの歴史や文化に通じた人はあまりいないのです。インドネシアを担当するエコノミストたちでもインドネシア語を理解できるスタッフはほとんどいません。つまり、インドネシアの現実から学ぶ体制にはなっておらず、上から「正しい」経済理論、あるいは、ワシントン・コンセンサスに沿って「適切な」政策を「教える」システムになっている訳です。

もちろん、これで充分な場合も稀にはあるのでしょうが、多くの場合、特に危機の場合、これだけでは不充分であるばかりか、危機が加速してしまう可能性があるのです。ＩＭＦが現実として行うべきは、金融理論・マクロ理論を教えることではなく、地域経済のコンサルティングです。とすれば、欧米寄り、かつマクロ経済学一本槍の姿勢をまず改めなければなりません。そして、もっと地域専門家を育成する、その地域の金融市場に詳しい専門家を入れる、あるいは企業論などミクロ経済に通じている専門家を採用するなどの改革を実施しなければならないでしょう。

政策の最終決定は、すべて各国から派遣された理事たちが行う建て前ですが、理事たちもまたワシントン住いです。このため、いつの間にかメンタリティがスタッフと似通ってくるから不思議です。理事会は各国の政府から派遣された人間ですから、形の上では政治主導になっていますが、実態は官僚組織と一体化している。そういうIMFを改革することは、日本の構造改革より難しいことかもしれません。

現在の世界経済では危機回避の最終的な安全装置はありません。国内には中央銀行がありますす。世界恐慌の教訓によって各国に中央銀行ができたわけです。日本銀行が現在のスタイルになったのは昭和二年。IMFは部分的にはその役割を果たしているけれど、中央銀行の中央銀行というか、世界経済の最終的な安全弁といった存在ではない。

そして、そのIMFや世界銀行が、新古典派経済学、あるいは貨幣数量説という少なからず乾涸び始めた理論にドグマ的に支配されている面があるというのは大変問題だと言わざるを得ません。もう一度、現実の豊かさ、新しい情報の重要さを認めさせるように、国際的官僚機構を変えていかないと、世界経済が大きな曲がり角をむかえつつある二十一世紀、世界は大きな混乱と崩壊のプロセスに入っていきかねないのです。

⑤ 勘と運動神経の重要性

●勘が五〇%

市場の取引の第一線に立つディーラーたちは、自分の勘と運動神経を頼りに相場の世界に生きているところがあります。市場は生きています。生きている、あるいはいつも変わっていく市場を相手にするのですから、勘と運動神経はディーリングの必須条件なのです。ディーラーと呼ばれる人たちは、ほとんどが三〇代の若さです。前に、ジョージ・ソロスのヘッジファンドでディーラーをしていたドラッケンミューラーは、私が会ったとき、三〇代の働き盛りでした。やはりグローバルに市場を見ながら、時差をものともせずに勝負をするには、ある程度の体力も必要なのです。

関節など骨の機能で言えば二〇歳を一〇〇として、一年加齢するごとにちょうど一ずつ機能は退化していくそうです。体力が年齢とともに落ちていくのは当然ですが、ある種の勘のようなものは経験を積めば積むほど冴えてくるという部分もあります。多くを経験することで多くの情報や知識を蓄積していくからです。勘というのは、やはり情報の蓄積からくる必ずしも合理的には説明できないものの一つであり、技術・能力なのでしょう。

あるディーラーは為替市場での売買を決定するのは「勘が五〇%、チャート二〇%、ファンダメンタルズ三〇%」と言っていました。私の経験でも「何かおかしいな」といった勘が働くことがあります。円が一三五円ぐらいから一三〇円前後の円高になったとき、「マーケットで何かが起こっている。これは何だろう」という勘が働くことがあります。で、情報を追っていくとヨーロッパから資本が逃げてアメリカに入っていた。ヨーロッパからの直接投資が年間四〇〇〇億から五〇〇〇億ドルアメリカに流れていて、アメリカからは一〇〇〇億ドルくらいがヨーロッパに行っていた。ネットで三〇〇〇億から四〇〇〇億ドルの流出になります。それが、このところ大きく減ってきている。「あ、これが効いてきているのかな」、「この情報に市場が注目しだしたのかな」という直感です。

万能の神ならば、すべての情報を瞬時に論理的に分析して、サッと結論を出すことができます。しかし、人間の知識はつねに不充分で、市場のディーラー、トレーダーたちはその不充分な情報に他の人々がどう反応するかを読みながら行動するのです。そして、行動は速くなくてはいけません。

あとから分析してみると、この要因と、あの要素が、こうだから、こうなる、と客観的にわかってくるのですが、そのときはわかりません。市場との対応で一刻も速い判断を必要とするときは、勘が働いてくれるのと、くれないのとでは大変な違いがあります。

そして、ここで留意しておきたいのは、大切なことは、何が「正しい」のかを当てることではなく、市場参加者の多くがどう判断し、どう行動するかを当てることなのです。つまり、「美人投票」の結果を読むことなのです。市場分析の一つに、チャート分析があります。これは、過去の市場の行動パターンを特定の理論を前提にしないで図式化し、過去の「美人投票」の結果で現在の投票行動を読もうとするテクニックです。長く市場にいると、別にチャートを書かなくても、それが勘という形で瞬間的に判断の材料になることもあります。

しかし、また、違った勘もあるかもしれません。チャートが示唆しない、あるいは他のディーラーが気がついていない情報で市場が動くこともあります。かならずしも体系化されていない、情報のかたまり、あるいは、それに基づいた推論、それが「勘」や「運動神経」と呼ばれるものなのです。

しかし、そうした「勘」もしばしば外れることがあります。「美人投票」の結果など、そう簡単に読める訳がないからです。世の中で確実なことなどあり得ないというルービンの哲学は、実は彼が市場から学んだものなのでしょう。人間の知識はつねに不充分で、しかも、人間の行動はかならずしも合理的に説明できるものではありません。これがソロスのいうFallibility（誤謬性）です。人間、そして市場はつねに間違うのです。

勘が当たらなかったら、直ちに行動を修正しなかったら大怪我をします。勘で一方に走るだけのディーラーはすぐ市場で殺されてしまいます。間違ったら、いや、読み違えたら直ちに修正する。前節で批判した、ＩＭＦの官僚的体質、無謬性の論理のちょうど逆をいかなくてはいけないのです。しかも、これを瞬時にやらなくてはいけない。これもまた、勘と運動神経なのでしょう。

勘がいい、あるいは勘を磨くということは、かならずしも知識や情報を無視するということではありません。いや、むしろ、あらゆる情報に興味を持ち、特に分野の異なる情報にもつねに接し、身体でこれもものにすることなのでしょう。理論や体系的な知識も大切ですが、これを一〇〇パーセント信じてしまっては、生きた市場、生きた人間とは向かい合えません。理論というのは、あくまでも暫定的なものです。つまり、その時までの知識と情報の集積であり、また、しばしば、その時の流行に乗ったものでもあるのです。つまり、理論はつねに現実によって書き換えられる、暫定的で不完全な、ものを考えるプロセスでの一つの枠組みにすぎません。しかし、それ故にこそ、新しい知識、新しい情報は大切なのです。理論が完全なら、新しい知識も新しい情報も必要ありません。理論が、人間の知識の体系が不完全だからこそ、新しい情報のかたまりである現実が大切なのです。

まだ体系化されていない、あるいは、体系化することがきわめて難しい知識と情報のかたまり、それがプロフェッショナルたちの勘なのではないでしょうか。つまり、長い経験と修羅場の中で磨かれた勘は、決して、素人の思いつきではないのです。

【コラム❸】アメリカが警戒するアジア共通通貨

中国が内需を拡大し、アジア最強の経済大国になるには、少なくともまだ一〇年から二〇年くらいの年月が必要といわれています。それでも、東アジアの経済構造が、日本を先頭とする雁行型成長モデルから、中国と日本という二つの中心をもった楕円型の発展モデルに移っていくことは、まず間違いありません。

戦後の日本は、アメリカ一極体制のもとで№2としてアジアにプレゼンスを示してきました。しかし、中国の台頭でもはやその地位は危うくなりました。すでに、アメリカが中国を潜在的№2と考えている可能性も少なくありません。米中両国は対立しているように見えて、じつはかなり深く結びついているのです。

中国の若手エリートは、ほとんどがアメリカ留学組です。彼らはいずれもかなりの親米家となって帰国し、やがて中国の政治経済の中心を担う人材に育っていくのです。そのような開かれた高等教育システムを持っていること自体が、アメリカの強さを生み出す長期戦略でもあるのですが、それはともかく、そうした幅広い交流を通じて米中関係はますます深まるものと予想できます。「では日本はどういうスタンスを取るべきか」という問題が、次の問題として浮上してくるでしょう。そのためのシナリオの一つとして、日本、中国、韓国が中核となって、四〇年か五〇年先には東アジアにEUのような地域経済圏をつくる構想があります。

その場合、通貨はまず為替の協調から始めて、最終的にはEUがユーロをつくったように、円でも元でもウォンでもない、まったく新しい東アジアの共通通貨をつくることが必要になるでしょう。

以前、私がこの構想のアイディアを韓国経団連のアドバイザリー・ボードの会合で披瀝したところ、同席していた米国のキッシンジャー元国務長官が、キッとした顔でこういいました。

「キミはアメリカでなく中国を選ぶのか。もし日本がそうなら日米安保条約は徹底的に見直す。アメリカのアジアに対する安全保障政策も根本的に変えることになる」

さすがに中東をはじめ数々の国際紛争を調停してきた老練な政治家です。発言には、国際政治の現実を踏まえた冷徹な視点と、アメリカの覇権を守ろうとする強い意志が貫かれていました。たしかに、地域共通通貨というものを発想すれば、当然のことながら地域の安全保障についてのグランド・デザインを設計し直さなければなりません。経済と政治、軍事を分けて考える癖のある日本人は、政・経・軍事、そして通貨を一体不可分と考えるキッシンジャー流の常識をもう少し身につけるべきかもしれません。

戦後の東アジアとアメリカの関係は、政治、経済、軍事のすべての分野が日米、米韓、米比、米華というふうな、アメリカを中心としたバイラテラリズム(二国間主義)で構築されています。まさに自転車のハブとスポークの関係におかれてきました。通貨も同じで、ドル円市場、あるいはウォン・ドル市場はあっても、ウォン・円市場は存在しません。

このバイラテラルな関係を一度リセットして、より日本の独立性を確保したマルチラテラル(多数国間主義)の方向で日米関係を見直すべきだという声は少なくありません。そのために中国と共同歩調をとるのも一つの重要な選択肢です。

だからといって、日米関係を清算して、共にアメリカを敵視するような関係にしろというわけではありません。中国も自国とアメリカとの関係を考慮すれば、日本に二者択一を迫ることはないはずです。

そうしたシナリオをいくつか検討し、最終的には、日本の独立性を保ちつつ、米中、あるいは東アジア諸国とマルチラテラルな関係構築をめざし、安全保障も日米安保条約体制ではなくアジア版NATOのようなものができればいい、と思います。

第四章

情報戦争で勝利する

本章の
キーワード

情報管理
と
フィジカル・コンタクト

①グローバルな情報とローカルな情報

●グローバル情報だけで市場は読めない

為替レートの正確な予測はできないにしても、為替相場が形成される過程に少しでも迫っていくためには、どんな情報に注目し、手に入れればよいのでしょうか。決して簡単に答えられる質問ではありませんが、いくつかのポイントがないこともありません。

すべての情報を入手することは誰にもできないのですから、質のいい情報をある程度しぼる必要があります。為替市場を読むのに必要なのは、大きく分けて二つ。ローカルな情報とグローバルな情報です。

グローバルな情報とは、いまアメリカやヨーロッパ、日本はどう動いているのか、各国経済のファンダメンタルズ、政治や社会の動きなどに関する中長期のトレンドと、もっと短期的な現在のファッションになっているものに関する情報です。

ローカルな情報とは、東京市場なら東京で日本の機関投資家のA生保はいまどういう投資戦略で動いているのか、B信託やC年金基金はどうか、現在のファッションに乗り換えたかどうか、といったその市場に即した情報です。

グローバルな情報だけで判断すると、どうしても経済学者のように理論だけで市場を見ていく傾向になりがちです。ケインズなどは例外ですが、マーケットでかならず失敗するのは頭の硬い経済学者。やはり、東京市場なら東京市場の水面下で動いている現在進行形のローカル情報も必要です。両者を突き合わせて見ることで、一つの現象を総合的、立体的に把握できるようになります。そのためには、東京なら東京のディーラーとも、日頃から意見交換をしておきたい。輸出業者や輸入業者、あるいは機関投資家とも接触して情報を得る。そうして得た現地のローカル情報をもとに、ロンドンやニューヨークなどとも連絡しながら市場プレーヤーの動向を見守るのです。情報ゲームにおいては、全体と細部の、マクロとミクロという二つの要素は、車の両輪のようにいつもバランスを心がけたいところです。

●ムーディーズの日本国債格付け引き下げの怪

二〇〇二年五月末、米国の格付機関ムーディーズが、日本の国債の評価をA２に格下げすると発表し、これに財務省が正面から反論して大きな話題となりました。

ムーディーズはスタンダード&プアーズと並ぶ米国の大手格付け機関です。その格付け情報は、先ほどの分類からすれば重要なグローバル情報といえます。九七年、山一證券倒産のきっかけの一つはムーディーズによる格付けが大幅に下がったことでした。それだけに、マーケットの反応が注目されたのですが、ムーディーズの思惑と違って、東京市場はほとんど反応しませんでした。

格付け機関の存在理由は、自分では投資先をよく調査できない投資家に対して、「日本の国債はリスクが大きい。買うならAaaの米、英、独、仏、カナダにすれば安心」というふうに格付けを示すことで投資者に事前の情報を提供するものです。

日本の国債が、G7諸国は言うに及ばず、香港や台湾、さらにはアフリカのボツワナよりも下のランクに格付けされたとあって、物議をかもしました。格下げの理由は一八〇兆円に迫る日本の財政赤字ですが、「このような格付けはグローバリズムを装ったアメリカの戦略だ」と、またもや陰謀説がささやかれました。私はその格付け評価が妥当であるかどうかよりも、格下げの発表後、マーケットが何らの反応も示さなかったことに大きな意味があると思っています。というのも、格付け機関の存在意義は、投資家に対して、当座の目安を提供することにあります。投資家たちが、まったく反応を示さなかったのは、その格付けが素人目にもおかしいと思わせる何かを感じさせたからに違いありません。

たしかに、日本の財政赤字は拡大するばかりで、お世辞にも改善の兆しが見えたとは言えない、小泉首相が構造改革を唱えても実行は伴わない、金融機関の不良債権処理も停滞している、日本経済はいったいどうなるのか、暗澹たる思いがあるのは事実です。この先何年も現在の停滞状況が続くとすれば、ムーディーズの警鐘は決して的外れではないでしょう。

ただそういう最悪の事態は、少なくともかなり先の話であって、いますぐ日本経済が沈没するわけではありません。日本はやがてアルゼンチン化するという指摘がありますが、かの国のように外国への債務返済で苦しんでいるわけではないのです。

日本はいまなお世界最大の債権国であり、外貨準備高も世界一です。貿易黒字もかつてに比べて減ったとはいえ、まだ五年以上は消えそうにありません。この意味で債務国アルゼンチンとはまるで違うのです。

こうした事実を東京市場の参加者たちはよく知っているのでしょう。だからこそ、ムーディーズの格付け引き下げに何の反応も示さず、日本国債の投げ売りに走る者は誰もいなかったのです。仮にムーディーズが陰謀をたくらんだとしても、市場が動かなければ陰謀は失敗に終わる。失敗が何度も続けば、今度はムーディーズ自体が信用を失い、何らの影響力も持ち得なくなります。

②ガセネタの見分け方

●情報提供会社の利用法

情報の分類の仕方においては、もう一つ、良い情報と悪い情報、いわゆるガセネタとそうでない情報とを仕分けしなければなりません。良い情報を手早く得るには、それなりに代価を支払う覚悟が必要です。一般に日本人の多くは情報がタダだと思っていますが、実は、適切な情報をいいタイミングで手に入れることは、お金がかかることなのです。

新聞、雑誌、テレビから得られる情報は万人に与えられる基礎的な情報ですが、もし、高い対価を払ってでもさらに良質の情報が欲しいという人は、専門の情報提供会社を利用するのも一つの方法です。情報提供会社は欧米には数え切れないほどありますが、為替関係ではメドレー・グローバル・アドバイサーズが有名です。主宰者のリチャード・メドレーは、元はジョージ・ソロスの下で働いた経歴があり、アメリカ政治の動向にも詳しいと評判です。それだけに、情報提供料も半端ではなく、もっとも高額な情報パッケージは、日本円にしておそらく年間一〇〇〇万円以上という設定になっていたと思います。

為替市場に強いリチャード・メドレーに匹敵する情報会社としては、ジョンソン&スミックも評判です。ジョンソンは元連邦銀行の副総裁、スミックは元、政治家のアシスタントをしていたという経歴の持ち主です。

どちらの会社も契約料金によって、ちょうど寿司屋で言う松竹梅のように、提供する情報パッケージが違ってきます。最高グレードの〝松〟ですと、毎日電話の問い合わせをしてもOKとか、〝梅〟なら一週間に一回情報を流すというふうに設定しているわけです。

●ガセネタにも価値がある

では、情報会社に依頼すればすべて安心かと言えば、そうでもありません。彼らが流してくる情報は、依頼者それぞれの戦略に合わせて特別パッケージされたというものではないので、不必要な情報もかなり送られてきます。

やっかいなのは、その情報の中に真偽の見分けのつかないニセ情報や、根拠のない噂話も含まれていることです。為替市場のプレーヤーの中には、根拠のない噂話でも一時的に市場が反応して動けばいい、と考えている人たちが少なくありません。

よく流されるのは、某国の大物閣僚が死んだとか、某石油産出国の大統領が暗殺されたというような死亡情報です。誰かが意図的に流したデマに違いないのですが、それがウソだとわかるまでには数時間から数日間かかることがある。その間、どうせガセネタだろうと思っていても、無視はできません。

ガセネタの扱いをどうするかは受け取った者の判断次第です。噂話であろうと、その情報を活用してポジションを張り、利益を得れば、その噂話は大変価値のある情報だったということになります。

ガセネタらしき情報を受け取った場合は、どうやってその真偽を確認したらよいか。これはやはり情報を受け取った人が、どれだけ幅広く良い情報ソースを持っているかにかかってきます。

良い情報ソースというのは結局は人脈です。しかもその人たちとの信頼関係です。信頼できる人にはいい情報を流す。それは、お互いに遠慮なく議論をするからです。私の場合、大蔵省時代からの内外の友人たちが大変有益な情報ソースになっていますが、市場関係者との頻繁なディスカッションもきわめて有効です。

もちろん、誰しもが広い人脈を持っているとは限りません。しかし、その場合でも、誰が信頼できるか、どの評論家が比較的情報を持っているかは、彼の予測の実績等でわかるはずです。やたらに流行に乗ろうとするアナリストや、また逆に頑なな評論家には気をつけたほうがいいのかもしれません。

人脈を持っている場合には、その情報を持っている本人と話すのがいいに決まっています。しかし、多くの場合、プロフェッショナルである彼らは決して内部情報は語りませんし、また、微妙な時期に多くを語りたがりません。それがプロというものです。むやみやたらに新聞やテレビに出て、喋りまくる大臣等はあまり信用できませんし、プロとしては失格ということになります。

しかし、プロ同士といってもそこは同じ人間、何も喋らなくても、通じ合うことはあります。「いつもは時候の挨拶代わりに、あのことを喋る人が今日は触れない。これは何かある……」とピンとくるのです。そういうふうにしてお互いの情報を推し測り、確認しあうこともあるのです。

ただ、私が外部の人にたとえば「この人はこう考えているようだ」と話すことはルール違反です。そんなことをすれば、その人はもう二度と会ってくれなくなるでしょう。

会ってもいないのに「○○と会った」とか、喋ってもいないのに「○○はこう語っていた」という情報を流すことはしばしば行われます。いわゆるネーム・ドロッピングですが、情報会社などもよくこの手を使います。通貨当局にいた時代、私も何度もこの被害に遭っています。

●ネーム・ドロッピング

ネーム・ドロッピングは情報会社だけでなく、トレーダーもしばしば顧客を説得する材料として使うことがあります。彼らは機関投資家などを顧客として抱えていて、「いまこそ売りチャンス」とか「ここは買いです」というふうに顧客の資産運用にアドバイスします。その際の説得材料として、「じつは榊原は一二五円なら介入すると考えている」「アメリカ当局はこう思っているはずだ」というふうな情報をつけ加えるのです。

私自身は喋っていないことなのでガセネタであるのは、明らかにわかりますが、顧客は確かめようがありません。当の私もそんな情報が流されているなど露知らぬことです。しかし、偶然の一致でそのトレーダーの言う線で介入するようなことがあれば、トレーダーの口から出まかせが「やはり榊原は喋った」というふうに真実になってしまう。噂話の恐いところです。

とはいえ、この種のガセネタは普通、すぐに底が割れてしまいます。以前、アメリカ訪問から帰ってきた日本のアナリストが、「サマーズ財務副長官に会ったらこんなことを言っていた」と新聞にコメントを寄せたことがあります。サマーズは私のカウンターパートだったので、早速電話で確認したところ、彼は「そういう人物にはまったく会ったことがない」と言うのです。

その類のアナリストや情報屋さんたちのウソには何度も付き合わされました。自分を大物に見せようとする心理はわからなくもないけれど、逆に自分が名前を語られた被害者になってみると、やはり気持ちのいいものではありません。

③ 内部情報をどう管理するか

●日本の役所では情報はタダ

株式市場でインサイダー取引が禁止されているように、為替市場でも内部情報を漏洩することは厳禁です。しかし、非常にしばしば内部情報に近い情報が市場に噂として流れることも事実ですし、市場関係者もまた、そうした情報を求めます。

こうした状況ですから、為替や株・債券などに影響を与える政策決定にたずさわる関係者は、情報の取り扱いにはきわめて慎重になる必要があります。もちろん、情報の開示は必要なのですが、それはほとんどの場合、政策が決定され実行されたあとに行われるべきことで、事前に予見を与えたり、インサイド・インフォーメーションをリークしたりすることは、絶対に避けなければなりません。この点で、今回の内閣改造で金融担当大臣になった竹中平蔵さんがテレビや雑誌で公的資金の投入や企業倒産の可能性を示唆したことは、政策担当者としてルール違反を犯したと言わざるを得ません。また、政策決定のために民間人を入れた特別チームを作ったのも問題です。彼らは金融庁の顧問になっているようですが、守秘の義務がどの程度厳密にかかるのか、利益相反の問題がどうなるのか、定かではありません。特にメンバーの一人、木村剛さんは金融コンサルタントで、金融行政の影響を直接受ける職業についています。彼が特別チームのメンバーの一人として得た情報を、金融コンサルティングの際使わないという保障はありません。もし、こうしたチームの一員となるのなら、フル・タイムの公務員となって、利益相反の可能性のあるビジネスはやめるのが本来のあり方なのです。審議会の委員等に民間人がなっているじゃないかと思われるかもしれません。しかし、審議会は政策決定に直接かかわりませんし、また、極秘情報を審議会で公表することもありません。しかし、伝えられているところによると、今回の特別チームは金融庁の内部情報の開示を求めることができ、金融庁の今後の方針を左右する可能性が強いというのです。

特に、金融・国際金融の分野では、市場に直接影響を与える政策が多いだけに情報の取り扱いには厳格でなくてはなりません。内部の情報のリークを防ぐためにまず必要なことは、政策決定にかかわる人間を、法的権限をもっている複数の人間に限ることです。たとえば、為替の分野では、政策決定にかかわる人間は、財務大臣、財務官、国際局長、為替市場課長とそのアシスタント等数名に限られています。もちろん、重要な案件は総理大臣に報告し、指示を受けなくてはなりませんが、介入等現場の情報が必要な決定については、包括的な委任を受けるのが通例です。

政策決定に直接たずさわる人間が少数だということと、幅広く助言を求め、できる限りの情報を集めるということは全く別のことです。できる限りの情報を集め、多くの意見を聞かなければ、決して適切な政策決定はできません。特に、市場の基本的性格が、何度も強調したように、何が正しいかではなく、多くの人々がどう思っているかにあることを考えると、幅広い情報収集は政策担当者にとって不可欠なのです。

また、政策決定にかかわる人間が少数で、かつ決定前には決して情報をリークしてはならないなどというと、情報公開という世の中の大きな流れに反していると思われる方もいるかもしれません。しかし、情報の管理をしっかりとし、情報が一部の人にだけ流れて不当な利益を生じさせないようにすること、事前におかしな噂やガセネタが流れないようにすることも、フェアーな情報公開の一要素なのです。インサイダー情報を法律的権限と責任を持つ少数の人間で管理し、これを適切な時期に、すべての人に公開するということは、まさに、情報公開の原則が求めていることでもあります。

一見、矛盾するようですが、フェアーな情報公開と極秘情報、あるいはインサイド・インフォーメーションの厳密な管理は相互補完的なものなのです。情報というものが、特に少数によってだけ保有されているとき、きわめて高い価値を、市場等で持つということを考えると、これは当然のことなのです。インサイダー取引とか、利益相反の問題が金融の世界で重大な犯罪と看做《みな》される理由もまさにここにあるのです。

　残念ながら、多くの日本人は情報の持つ高い市場価値、あるいは、その管理の重要性についての認識が充分ではありません。長い平和の時代が続いたからでしょうか。われわれは、情報はただで手に入れることができるものであるという誤った思い込みをし、おそらく、それ故に、これを厳しく管理することを怠ってきました。

　たとえば、日本には記者クラブという組織があります。役所や日銀、あるいは、日本経団連のような組織にそれぞれ部屋を持って、それらの組織から情報の提供を受け、また、取材するのですが、一種のカルテルであり、クラブに属する報道機関が仲良く情報を共有するようなシステムが出来上がっています。原則として、抜け駆けは避けるようになっており、部屋の提供等、それぞれの組織からかなりの便宜を提供されています。このカルテルの第一の問題は、取材がしばしば受身になり、情報を得るための競争が希薄になりがちなことです。つまり、情報が平等に、しかも大して努力もせず得られることから、記者自身が、ある種の情報が持つ高い市場価値に気付かないことです。情報収集の専門家であるメディア自身が情報の価値を充分評価できず、しかも、それを得るために厳しい競争もトレーニングもなくなってきているというのは、実は、日本全体にとって由々しき問題です。結果として、質の高い、まともな情報分析が根付かず、いたずらにセンセーショナリズムに走りがちだという日本のメディアのあり方は、そのカルテル体質の結果ともいうことができるでしょう。

第二の問題は、クラブのメンバーである記者たちが、その組織のいわばインサイダーとして取り扱われるため、その組織にとっては機密を保持することが難しくなり、また、クラブの記者の書く記事がしばしばその組織を擁護するものになりがちだという点です。世界広しといえども、クラブのメンバーである記者たちが役所の建物の中に部屋を持ち、役所を自由に歩きまわれるシステムを持っている国は日本以外にはないでしょう。

実は、このシステムのために私も大変迷惑を被ったことがあります。一九九八年六月一七日、それまで極秘で交渉を重ねた結果、日米通貨当局はドル売りの協調介入に踏み切るのですが、その直前、日本時間一七日正午、橋本―クリントン電話会談で、交渉の結果を首脳同士が秘密裏に確認することとしたのです。今は、若干変わったようですが、当時の首相官邸の総理執務室の前にはつねに一〇〜二〇人の官邸クラブの記者たちがたむろしていました。午前一一時半頃私と橋本総理がつねに使っている外務省の通訳が執務室に入ったものですから、勘のいい記者たちには、為替に関する日米首脳会談だなとわかってしまったのです。別の場所の電話を使えばよかったのですが、その当時、盗聴防止装置付きの電話は総理の執務室にしかありませんでした。ニュースはたちまち全世界に流れ、サマーズをはじめ米国財務省はカンカンになり、協調介入の合意が崩れかけそうになったのです。日本の記者クラブ制度、アメリカでは考えられないような日本の制度としての情報管理の甘さを説明して何とか事なきを得ましたが、こうした事件が日本に与える中・長期的ダメージはまことに大きなものです。つまり、日本は制度的に秘密が守れない国、情報の適切な管理ができない国ということになってしまい、本当に重要かつ極秘の情報を交換できないということになっているのです。かつて、ヘンリー・キッシンジャーが「日本は機密を守れない国だ」と言ったと伝えられていますが、残念ながら、これは事実に近い日本の現実なのです。情報に弱い日本、このグローバルな情報化社会の中では、これは、大変なハンディキャップなのです。

④ 多角的情報収集の必要性

●フィジカル・コンタクトが重要

先ほど、ガセネタの裏を取るには、良質な情報ソースをどれだけ持っているかが決め手になると言いました。ガセネタでなくても、かならず裏を取るのが常識です。それも二重、三重に取っておけば、その情報の奥行きを把握できて安心だということです。

できるだけ多くの、良質な情報ソースと言っても、判で押したように同じ発想の人間ばかりでは意味がありません。米国で言えば、ワシントン・コンセンサスを構成する東部エスタブリッシュメントの連中とだけコンタクトしていても、本当のアメリカは見えてこないのと同じです。南部のポピュリストを代表する人物や保守的なリバタリアンの連中の声も聞いておく必要がある。できるだけ自分と異質の情報源を持っている人と付き合えば、それだけ手にできる情報の質も多様化するからです。

腕利きのジャーナリストなら多種多様な取材先を持っている。それと同じように通貨当局の担当者の場合は、G7やロシア、中国、アジア諸国の通貨担当者、中央銀行のスタッフたちとの交流はもとより、民間金融機関のトレーダー、ディーラー、さらにはヘッジファンド、インベスト・バンク（投資銀行）のマネージャーたちともコンタクトする必要があるでしょう。

これらの人々と、いつでもリアルタイムで連絡が取れる間柄になるには、それなりの付き合いを大切にしなければなりません。面白いのは、アメリカの政府関係者は、電話で話すときと対面して一対一で話すときでは、話し方にかなり落差があることです。

それはどんなに親しくなっても変わらないので、かねがね不思議だったのですが、あるとき「あっ」と気がつきました。彼らは盗聴を恐れていたのです。政府機関に働く以上、盗聴が仕掛けられる可能性があることをいつも心得ていて、彼らは電話ではなかなか本音の議論をしないです。

そう言えば、九五年の日米包括協議で「橋本通産相とトヨタ自動車関係者が電話でやり取りする内容がＣＩＡに盗聴されていた」とニューヨーク・タイムズが報じた事件がありました。これは盗聴する方を責めるよりも、盗聴されることを覚悟の上で万全の注意をすべきだという教訓です。コッポラ監督に「カンバセーション…盗聴」という映画がありましたが、米国でも他の国でも、盗聴はそれ程、異常なことではないのです。

そのかわり、レストランで食事でもしながら話すときは、彼らは機関銃のように本音の議論を仕掛けてきます。そういう情報環境の違いは、われわれ日本人がなかなか理解しにくいところでしょう。

人と人が直接会うというフィジカル・コンタクトの重要性は、いくら情報通信機器が開発されても決してなくなることはないと思います。ただ、欧米に行くには一三時間以上の飛行時間が必要です。彼らと日常的に付き合おうと思えば、身体的にはかなりきついことと心得ておくべきです。

それでも、人に会えば書物やメディアで得られる以上の、実にたくさんの情報を得ることができます。その人が言葉にしたこと、あえてしなかったこと、何も喋らなくても、その表情が如実に物語っていたもの、身体の動き、呼吸のリズム、その他すべてから体温のある多くの情報を得ることができる。だからこそ、個人的な人脈ネットワークを持ち、定期的に直接会うこと。それはきわめて重要なことなのです。

●ソロスの一言に驚く

フィジカル・コンタクトを取る相手には、自分とは異質な者が含まれていると理想的ですが、さらに進んで、自分の政策遂行に敵対的と思われる者であっても、あえてコンタクトすることも必要です。

そのことで思い出すのが、やはりジョージ・ソロスのことです。

アジア通貨危機がタイからインドネシアに拡散した九七年九月、IMF・世界銀行の年次総会が香港で開かれた折のことです。この総会では、マレーシアのマハティール首相が、

「われわれが額に汗して建国以来営々と築いてきた国の富を、ソロスたちは瞬時に奪い去ってしまった」

と名指しでソロスを非難して話題になりました。

アジア通貨危機におけるソロスたちの活動は、私も「小さな池に巨象が入ったようなもの」ととらえていましたので、マハティール首相の悲痛な叫びはよく理解できました。その総会に参加したソロスと私は、朝、二人きりで朝食をとる機会も作ったのですが、そこでソロスが私に告げたことは、いまも忘れることができません。

「サカキバラ、韓国の銀行の対外貸し出しは、かなりの部分がインドネシアだよ」

うかつなことに、そのときの私は、ソロスの語った言葉の重大さに気がついていませんでした。ところが、日本に帰って調べてみると、欧米の銀行は、すでに韓国からかなりの

融資資金を引き上げていましたし、日本の銀行も引き上げ始めていました。

やがて韓国の外貨準備高が激減し、韓国銀行の資金繰りも悪化して、韓国に金融危機が訪れたのは、一二月のことです。銀行の資金繰りの悪化には、通貨危機にあるインドネシアへの貸し込みが影響していることは明らかでした。

ソロスは韓国の金融危機を、すでに三カ月前に予測していたのです。あのとき、ソロスが私に語ったのは、「次のターゲットは韓国だ」と教えているに等しかったのです。

その時期はまた、アジア通貨危機で傷ついたASEAN諸国の金融支援のために、日本が中心になってアジア通貨基金（AMF）構想の実現に取り組んだ頃のことでした。AMFは、結局、アメリカの反対で頓挫しましたが、国際的な資本取引に何らかの規制が必要だと考えていた私からすれば、AMFに反対したアメリカも、ソロスたちヘッジファンドもアジア経済をめちゃくちゃにするのか、という憤りがあったのは確かです。ソロスの次のターゲットが韓国ともっと前に気づいていれば、何らかの形で韓国と協調することもできたかもしれませんが、時すでに遅しでした。

このエピソードからは、情報の収集について、さまざまな角度から教訓を導き出すことが可能でしょう。その中で、私がいちばん教訓としてもらいたいのは、ときには通貨当局と対立するようなヘッジファンドでも、きちんと会って情報収集の道筋を確保しておくべきだということです。為替のディーラーと定期的に会合を持った国際金融局長は私が初めてです。接待規約があったから、国際金融局長室に呼んで、一五〇〇円くらいの弁当を取って、二時間くらいの情報交換をしました。ほぼ毎週議論していて、この会合はいまも続けています。

私はソロスとの付き合いについて、現役時代、さんざんマスコミからいかがわしい目線で見られました。九六年一月にはソロスと組んで市場を円安に誘導し、ソロスを大儲けさせたとまで書かれましたが、意に介しませんでした。投機筋であろうと、なかろうと現実に為替市場に大きな影響を与えている人物とフィジカル・コンタクトを取ることは大切だと思ったからです。

だからといって、お互いが内部情報を漏らすことは、絶対にあり得ません。ましてや、特定の人物を意図的に大儲けさせることなど論外なことです。そんなことをしたら公務員法違反の犯罪です。よく、ヤクザを取り締まる警官がヤクザから賄賂をもらって違法行為を大目に見るという図式がありますが、それは個人の犯罪ということであって、ヤクザを監視する警官がみんなヤクザに取り込まれてしまうわけではありません。

ましてヘッジファンドはヤクザでも無法者でもない。高いリスクを払ってハイリターンを求める、やや異端の金融ビジネス界の一員として、欧米社会でも認められた存在なのです。市場の最も有力なプレーヤーたちと、フィジカル・コンタクトを取ることは、通貨当局としては次の政策を効果的に打つためにも、むしろ当然のことなのです。

●与えよ、さらば集められる

一般に情報を取るにはこちらからも与える情報がなければならない、とよく言われます。ギブ&テイクの関係ができてこそ、情報は集まるのです。

政府職員は、いま述べたように国家公務員法の縛りもあり、内部情報を外部に漏らすことができません。守秘義務違反ですから。それでも、公開された情報に基づいて、正々堂々と日本経済や世界経済について「私はこう思う」と意見を述べることは自由です。その意見が深く胸を打つものであれば、相手も本音で語りかけてきます。発信と受信の相互作用、つまり情報のギブ&テイクがここに成立するのです。

為替市場は一種の戦争の場だと最初に言いました、この戦争は一貫した敵も一貫した味方もいない。ルールに従って戦っているんだけれど、みんなが強い者と組むわけです。マーケット関係者は利益を上げなければいけない、それが「勝つ」ことです。多数派にならなければ勝てない。私の場合、当局同士は自由に情報交換しても法律違反にならないのですが、マーケットに対しては、強い制約があります。しかし、政府の基本的考え方をつねに明確に発信しておくということは、マーケットにある種の情報をギブすることになります。

これまで日本人は情報を取るばかりで、発信しないと言われてきました。顔の見えない日本人というイメージも、そこから生まれました。それはまた、太平洋戦争以来、諜報戦にはまるで弱い日本を引きずっているようにも見えます。

ところが、戦国時代までさかのぼると、戦国大名は虚々実々の遠交近攻を繰り返し、毛利元就のように諜報戦を得意とする大名が少なくありませんでした。織田信長も、美濃攻略にはさかんに謀略を用いています。豊臣秀吉も持ち前の人たらしの才で関白にのぼりつめました。いわば諜報の達人だったのです。徳川家康も、天下分け目の関ヶ原の陣で、諜報の限りを尽くして敵の西軍を切り崩したことはよく知られています。

明治になって、日本を世界の大国に押し上げた日露戦争では、明石元二郎大佐がヨーロッパでさまざまな諜報活動を行い、戦線の背後から日本を勝利に導いたことはよく知られています。

そうした、諜報あるいは情報戦略に強い遺伝子がいつの間にか消滅してしまったのは、日露戦争に勝った驕りから、軍部に精神主義が横行し、諜報の重要性を無視するようになったこともあるのでしょう。その間に、欧米では航空機や戦車というまったく新しい武器が開発され、諜報技術もまた長足の進歩をとげました。

彼我の差は日米が戦った太平洋戦争ではっきりと現われました。それ以降、今日にいたるまで、日本は情報戦略や諜報活動の面で絶えず欧米の後塵を拝してきたことは言うまでもありません。こうしてほんの一〇〇年前までは調略の才にひけを取らなかった日本人の遺伝子はどこにいってしまったのでしょう。

●署名記事待望論

多角的な情報収集の必要性という観点からすれば、日本の新聞ジャーナリズムにはかなり問題があります。繰り返しの新聞批判で恐縮ですが、たとえばG7の会合が海外で開かれるときには、なぜか物見遊山の社員旅行のようにぞろぞろと記者たちが同行します。

主要先進国の大蔵大臣、中央銀行総裁、財務官などが参加するG7は、その前に事務方の折衝で内容的すり合わせはほぼ終わっており、セレモニー的に最後の発表をするだけです。世界の新聞はあまり重要視していません。その扱いが一面トップになるのは日本の新聞だけです。

Ｇ７の報道はその実態が社員旅行であるのを繕うために、各社が談合した結果なのか、あるいは事大主義なのか。その上、同行した役所の報道担当官にブリーフィングしてもらって記事を書いているものですから、内容は画一的で各社の特徴が見られません。なぜもっと記者ひとり一人が体当たり取材をして書くようなユニークな記事が出てこないのか……。

この悪弊から脱出する一つの方法は、記者たちの署名入り記事をもっと増やしていくことではないでしょうか。

署名入り記事が増えれば、横一線の記者たちに競争原理をもたらし、読者は読者で「この人の記事はいいよ」と言って他の人に推薦できるようになります。現在のように、無署名がほとんどで、良い記事と悪い記事がごった煮になった新聞では、読者の選択権はきわめて狭い。アメリカの新聞の場合は、評価された記者はどんどん伸びるので、優秀な記者たちが次々に誕生しています。政治や経済の記事ばかりでなく、書評も日本よりもはるかに権威が確立していて、書評で誉められた本は売上げが一挙に伸びると言います。

日本では取り上げる本の数も少ないし、スペースも小さいから、かならずしも本の評価は書評では定まらない。レストランガイドこそ山本益博さんやミシュランのおかげでかなりレベルアップしましたが、他の多くの分野の財やサービスについて、もっと情報開示と評価のシステムが整備されるべきです。医療では患者はカルテを見ることができませんし、教育でも評価システムができていない。要するに、日本は消費者が多様な選択をできるような社会になっていないのです。

書物についてもう少し述べておくと、私の場合、毎月、書店に山と並ぶ新刊書の中から、どういう方法で読みたい本を選んでいるか。まず「この人は本物だ」「この人の書くものは信頼できる」という著者を各ジャンルに見つけておき、その人からたどって読む本の幅を広げていく方法を取っています。

そうすると、どこかで共通した筆者・作家の同心円ができていく。レストランを例に取れば、山本益博さんの推薦するお店に行って、これまで不味かったという経験は一度もありません。いつも「山本さんはやはり本物だな」という思いを強くして帰ってきます。そういう筆者なり作家を何人か持っていれば、人生はずいぶん豊かになる気がします。

【コラム❹】アジア通貨基金（AMF）構想

AMF構想は、世界銀行に対してアジア開発銀行（ADB）があるように、IMF（国際通貨基金）のアジア版基金があってもいいのではないか、という発想から生まれたものです。

九七年夏のアジア通貨危機の最中、IMFが開催したタイ支援国会議で、アジア各国は結束してタイを支援しようとしました。この協調支援ムードを基盤に、日本などが主導してAMF実現の動きが加速し、同年九月に実現寸前にまでこぎ着けました。

ところがその設立計画案には、メンバー国としてアメリカが含まれていませんでした。なおかつ「IMFと独立した行動ができる」という一項目が明記してあったため、米国は「アメリカン・ヘゲモニー（主導権）に対する挑戦である」と受け止め、AMFの実現を潰しにかかったのです。

プライドの高い中国も、日本への対抗意識から賛成しませんでした。結局、ASEAN、韓国、日本を除く国々が、米国の働きかけで賛成しなかったため、AMFは実現できませんでした。

九七年夏に決定したタイに対するIMFの支援は、いつもながらの①財政緊縮、②タイトな金融政策、③管理フロートの維持、④五八社のノンバンク（銀行免許を持たない金融機関）の業務停止命令、といった厳しい融資条件付きものでした。IMFがそれまでに融資してきたメキシコや中南米諸国と違って、タイは他の東アジア諸国と同じように、前年度までは財政黒字で、貯蓄率も高い水準にあったにもかかわらずです。

支援額も、IMFは一四〇億ドルが必要と計算しましたが、実際に国際機関から拠出された支援額はIMF四〇億ドル、世界銀行一五億ドル、アジア開発銀行一二億ドルの、合わせて六七億ドルだけでした。残りは日本四〇億ドル、オーストラリア一〇億ドル、中国一〇億ドルなどアジア各国から合計一〇五億ドルの拠出によって埋め合わされたのです。

　支援額が結果的に当初予定を超える総額一七二億ドルに達したのは、アジア各国の連帯の賜物といえましょう。ちなみに、米国は議会の反対もあって拠出はまったくしていません。

　これだけの支援パッケージが発表されたにもかかわらず、タイバーツをめぐる動きは大きくは改善されず、バーツはむしろ下げ足を速め、九七年末には一ドル＝四七バーツと、半年前のほぼ半分に減価しています。

　IMFが突きつけた融資条件が、適切でなかったからです。ドルペッグ制から変動相場制への移行、財政の極端な引き締め、性急すぎる金融再建策などが、タイ経済をますます混乱させ、それがまたマーケットの不信感を呼ぶという悪循環に陥ったのです。

　歴史にifはあり得ませんが、もしあのときAMFが予定通り誕生していれば、タイの経済改革はもっと早く、インドネシアの破綻もまた未然に防ぐことができたかもしれません。あらためて、日本とアメリカのソフト・パワーの違い、国際世論の形成力ともいうべき力の違いについて考えさせられた一件でした。

　しかし、アジア地域が協調して通貨安定化の枠組みをつくりたいという思いは、ASEAN諸国をはじめ各国金融当局の胸の内に残りました。翌九八年一〇月、日本政府が東アジアの国々を対象とした総額三〇〇億ドルの金融支援プログラム＝新宮沢構想を発表すると、ASEAN各国はこぞって歓迎し、アメリカも今度は反対しませんでした。

　新宮沢構想はバイラテラルなものでしたが、二〇〇〇年五月には、日本、韓国、中国とASEAN諸国との間でチェンマイ・イニシアティブと呼ばれる多国間の通貨スワップ協定が成立します。さらに二〇〇二年四月には日中通貨スワップ協定が成立するなど、アジアはゆるやかに地域経済統合の方向をめざして歩み始めたのです。

第五章

為替の背後にｉｎｇの世界が見える

本章の
キーワード

不胎化介入
と
グローバル資本主義

① 正解を与える理論はない

●マネーからクレジット社会へ

あらゆる理論がそうですが、理論というものはある情報量に基づいてモデル構築をし論理的体系を作ったものです。情報量が増えれば、当然、その理論も変えていかなければなりません。宗教ではなく、社会科学の理論なのですから、新しい現実が現われて、新しい情報があれば、理論はどんどん変えていくべきなのです。

自然科学では新しい発見によって理論がドラスティックに書き換えられていくのは、ごく当たり前のことです。ワトソンとクリックがＤＮＡ（生物遺伝子）の二重らせん構造モデルを発表したのは一九五三年のことでした。その後、生物学は現代の遺伝子の解明にいたるまでに長足の進歩をとげています。現在、五〇代以上の人たちが学校で習った生物学と現代の生物学とでは、ソロバンとコンピュータほどの違いがあります。

経済学の分野では、そこまでドラスティックな理論の変化は起きていません。それは社会科学が同時代の価値観から完全に自由の高みに立つことができない制約があるためかもしれません。それでも、優れた経済学者ほど現実の変化に合わせて自分の理論を変えてきている。前にも紹介したスティグリッツもその一人で、彼は従来のマクロ理論の中心にある貨幣論に疑問を持ち、マネー（貨幣）ではなくクレジット（信用）に注目した理論を構築しようとしています。

従来のマクロ理論では、ある一定の取引をするためには一定の預金残高、一定の貨幣を持っているはずだとされていました。それが安定的な関係であれば貨幣の総量によって取引の総額が決まってくるというのが理論の中心的命題でした。ここでは、クレジット、つまり信用に基づく貸し出しはあまり重要視されていませんでした。

高度情報化の進んだ今日では、企業だけでなく消費者も自由に借りられるクレジット社会になりました。若い女性たちは、とくに預金残高がなくてもクレジットで借りて旅行に出かけます。その借り入れは少しずつ返済していけばいいのです。つまり、貨幣残高と取引の安定的関係は崩れはじめ、クレジットがより重要になってきているのです。

●理論的に効かないはずの「不胎化介入」が効いた

日本でとくに理論信仰の風潮が強いのは、明治以来、外国から理論を仕入れてきて、日本の現実を切りましょうという翻訳文化のスタイルが続いてきたからでしょう。これがエリートコースを歩んだ官僚に浸透し、政策判断にまで影響を与えているため、政府の経済対策がなかなか効果を上げないというわけです。

現象的には、それとちょうど逆の例もあります。つまり、理論的には効果のないはずの政策が、なぜか為替市場で円高を沈静化させたという事例です。私が大蔵省で国際金融局長として為替政策を担当していた時代、およそ一〇回程度の介入を行いましたが、それはすべて、いわゆる「不胎化介入」でした。

不胎化介入とは、たとえば円高を円安に導くために円売りドル買いをした場合、市場に円がだぶつくとインフレを誘発しかねないので、日銀がその円を吸収してしまうというものです。やや品の悪い表現ですが、インフレという子どもを生まないので不胎化介入と言うわけです。

従来のマクロ理論では、為替レートはマネーとマネーの相対的価格とされ、その総体量が影響を持つと説明されていました。つまり、日銀が市場からふたたび円を引き上げた時点でレートは元に戻るとされ、不胎化介入は効果がないというのが常識になっていたのです。

ところが、実際には八〇円台だった円ドルレートは、九〇円台、一〇〇円台へと介入するたびに下がっていった。円の下落がすべて不胎化介入のみによる効果とは断定できませんが、少なくとも効果があったのは事実です。

先日、あるヨーロッパの中央銀行の人間と話していて、

「為替介入は不胎化介入でも、場合によっては効果がある」

と言ったら、

「そんなことは理論的にあり得ない」

と頭から否定されました。で、

「あなたは為替の介入を実際にやってみたことがあるのか。マーケットでディーリングを経験してみたことがあるのか。為替市場では理論はどうあれ、市場参加者の多くがそう思えば効果がある。ちゃんとデータを見てほしい」

と言い返したことがあります。

現実を理論が説明しきれなかったら、理論のほうが間違っている。為替理論のほうが変わるべきなんです。現実には、たくさんの要素が人々の主観的な思惑を形成し、それがぶつかり合って為替レートが決まっていく。どんな状況でもこれを使えば正解が読めるという、魔法のような客観理論はないことを、まず認めるところからスタートすべきだと思います。

② 流行に乗れ。流行を作れ

●なぜ理論を学ばなければならないか

「為替市場を読み解く正しい理論はあり得ない」と言いましたが、それでは理論など当てにならない、まったく勉強しなくていいと誤解する人がいるかもしれません。ところがそうではないのです。理論なんか何の役にも立たないと広言する人は傲慢だし、やっぱりどこかで間違うと思います。理論というものは、つきつめれば情報の整理の仕方になるでしょう。そのいくつかを知っておけば、それだけ情報の見方に幅と深みを持つことができます。

別の言い方をすれば、理論はある種のストーリーです。それを組み立てる作業は、ちょうど星の煌めく夜空を見上げながら、古代ギリシャ人が星座にまつわる数々の神話を作り上げたのとよく似ています。

人間の力の遠く及ばない天体は、古代人にとって恵みと癒しの源泉であると同時に、災禍をもたらす元凶でもありました。そこで、古代人が考えたのは、天体を自分たち流に解釈することでした。まず、満天の星からいくつかの印象的な星をマークし、それらを線で結び、輪郭の浮き上がった形を見て、牡牛のようだと思えば「牡牛座」と名付け、白鳥に似ていると思えば「白鳥座」と命名しました。

同じようにして、四季折々の星空に名前を与え、星座と星座を結ぶ物語も創作しました。それらを集大成したものがギリシャ神話です。ハッブル望遠鏡もない時代、ギリシャ神話は古代人が宇宙を人間世界に引き寄せた壮大な宇宙解釈誌だったのです。

これと同じように、為替市場という巨大なサイバーワールドを解釈するために、いまいくつもの物語が作られようとしています。その中で、ある星とある星を強引に結びつけ、物語を極端に単純化し、「この星空は全部あの五つ星が支配している」というふうに解釈してみせるのが陰謀説の常道です。その語り口は、世界の複雑な現実を階級対立という単純な鋳型に押し込んで解釈してみせる共産主義とどこか共通しています。

私たちは、誰もが教育の過程でさまざまな物語を教えられて育ってきました。それらを通して世界を眺め、解釈してきたことは事実です。

しかし、現実はどんどん変化していきます。新しい現実を説明するのに、どうしても旧来の物語ではしっくりこないときは、もはや自分でストーリーを修正するか、新しく生み出すしかありません。そのとき、豊かな知識と情報があれば、多様な物語を創作することができます。だからこそ、従来の理論にも通じておく必要があるのです。

●三人来ればコトは成る

では、どういう内容の物語なら市場参加者の多くが新しい市場解釈として認知し、支持してくれるのでしょうか。私の見るところ、これには少なくとも二つの条件が求められます。

①現在起きている個別の事象をかなり説明できること。
②市場参加者の個人的な実感や体験にぴったり合うこと。

この二つの条件をクリアできれば、その物語は新しい市場解釈論として「美人投票」で多数を獲得する可能性は少なくありません。

為替市場で言えば、物語はファッションに当たります。ファッションはマジョリティの支持によって作られる。ではどうやってマジョリティを形成するか。私はよく言うのですが、参加者が一〇〇人いるとすれば、九五人は実は流れを見てついてくる、勝ち馬に乗るタイプです。で、一〇〇人のうちで孤立したままだと一匹狼でただのスネモノに終わる。

二人だとまだ陰謀の段階。ところが二人から三人へ、しかも強力な三人になるとファッションを作り出すことができる。「三人来ればコトは成る」ということです。三人は象徴的な数であって、それが最低五人にならなければいけないし、その三人は為替市場について深い理解を持ち、ある程度の影響力を持つ人物でないといけない。また三人というのは固定したメンバーではなく、その都度誰と組むかは重要な問題です。ヘッジファンドと組むことがあれば米国通貨当局と組むことがある。昨日の敵は今日の友というケースも頻繁にあり得るわけです。

為替市場での「Buy on rumors. Sell on facts.」（噂が立ったら買え、実際に事が決まったら売れ）という言葉を紹介したように、注意すべきなのは、一〇〇人の参加者のうち一〇〇人がファッションを認めたら、当のファッションはその時点で終わるということです。もし全員一致で美人投票が選ばれたとしたら、次の年のコンテストではまったく違うタイプが選ばれる。つまり、「セール・オン・ファクツ」なのです。

これまで通貨当局も含めて日本人の市場参加者は、その多くが他者追随型で、自分で新しいストーリーを描いて発信するタイプは少なかった。八〇人から九〇人によるファッションができてから、あわててそれに参加するという感じでした。こちらから情報を発信してこそ、相手からも良質の情報が入ってきます。発信のコンテンツが、借り物ではなく自分で構築した理論であり、物語であれば、なおさら市場の反応も大きくなるはずです。

●いまをときめくプリマドンナを倒せ

新しいファッションによって市場の流れを変えたいとき、最も有効な方法の一つは、「プリマドンナを倒す」ことです。つまり、その時期の主流となっているファッション、そのファッションを主導している人物（プリマドンナ）の言動とまったく違った物語を仕立て上げることです。

私が大蔵省国際金融局長に就任したばかりの頃、「プリマドンナ」は野村総研のリチャード・クー主任研究員でした。当時の一ドル＝八〇円台という円高をどう解釈したらよいのか、誰も納得のいく説明をしてくれない中、彼は円高の背景と日本社会の構造改革の必要性を説いた『良い円高　悪い円高』（東洋経済新報社）を著わし、ベストセラーになりました。

この本は、当時、マスコミの円高亡国論に不安を募らせていた多くの日本人を、「そうか、円高にも良い円高と悪い円高とがあるのか。現在の日本の円高原因は貿易黒字にあるのだから案ずることはないのか。それなら、市場開放をして輸入を増やし、貯蓄を海外投資に回すことで、さらに良い円高にすることだ」と納得させ、妙な安心感を抱かせることに成功したのです。

経済理論的に見ると、リチャード・クーは優秀なエコノミストで、「貿易黒字は円高要因、対外投資は円安要因」と大筋で正しい議論を展開していたと思います。その限りでは、とくに反論するほどのことはありませんでした。

ただ、一ドル＝八〇円台という為替レートでは、日本の代表的企業であるトヨタ自動車でさえ、経営が立ち行かなくなる情勢でした。この流れを反転させ、できれば一ドル＝一〇〇円台まで押し戻したい……それは、当時の私たち為替担当者の率直な思いでした。

そこで、市場の雰囲気を少しでも円安方向に変えていくために、リチャード・クーの条件付円高是認論が国民的支持を得ているような状況を変えたいと思ったのです。「プリマドンナを倒せ」作戦の開始です。

すでに経済誌では、リチャード・クーに批判された東大の小宮隆太郎教授が、クー氏の経常黒字罪悪論に反論して話題になっていましたが、私たちは、①円高には良いも悪いもない、②為替レートは貿易収支の黒字だけで決まるわけではない、③資本収支は赤字である、という三つの論点を中心に反論を組み立てました。

要するに、貿易収支の黒字が円高要因であることは確かだけれど、資本収支の問題もあるわけです。絶対額から言えば、貿易の要素は為替売買額の五%くらいしかありません。為替の売買額の九五%は資本です。クーさんの論法を敷衍していけば、アメリカの貿易収支は膨大な赤字を続けているから、ドル安になるはずです。それなのになぜドル高になるのか。その理由はアメリカに資本がどんどん入ったからです。海外からの投資がずっと流れ込んでいたからです。資本がどれだけ入ったかは統計によってわかります。

資本収支の赤字は、貿易収支の黒字の裏返しにすぎませんから、やや強引な言い方です。しかし一ドル八〇円台という異常な円高をなんとかしたい、そのために市場関係者や国民の注目を、少しでも貿易黒字ではないところに移したい、という思いから持ち出したものでした。

もちろん、私たち政策スタッフだけが反論しても影響力は微々たるものですから、大筋で趣旨に賛成していただける何人かのエコノミストにも発言していただきました。

読者の中には、「市場は操作できるものではないと言っていたのに、ここでは操作できたと言っているではないか」という疑問を抱く方もおられるでしょう。たしかに、あまりに異常な円高なら、市場は必ず逆に振れるのです。私たちが何もしなくても、いずれは円高が底をつくことになったでしょう。私たちは、その逆転のキッカケを作ったにすぎません。ファッションの変わり目の、その最初の流れに乗ったというにすぎません。「私はこんなことをやった」という手柄話ではなく、ファッションの変化の一例として聞いていただきたいと思います。

③ おごれるものは久しからず

●グリーンスパンの神通力

「プリマドンナ」というのは、美人投票で選ばれる美人ではなく、いわばコンテストのプロデューサー、それも最有力のプロデューサーだと言えます。そして、九〇年代の世界的なプリマドンナを一人挙げよと言われれば、誰もがアメリカ経済の持続的繁栄を支えた功労者、グリーンスパンFRB議長だと言うでしょう。その神通力は最近でこそやや衰えたように見えますが、九〇年代後半はルービン、サマーズの財務省コンビとともに、世界の金融市場をリードしました。

グリーンスパンの卓越しているのは、決して理論に振り回されることなく、現実から帰納的に経済を分析し、政策を決定していくところにあります。彼は、九〇年代後半、サービス部門の生産性向上にいちはやく注目しています。

この時期、アメリカは歴史的な株価の高騰や失業率の低下があっても、物価の上昇がありませんでした。これは過去のマクロ経済学のインフレと失業率に関する分析では解明できないことでした。もし、過去の教科書どおりに、グリーンスパンが過剰な引き締め政策を実施していれば、その後のアメリカ経済のあれだけの成長はなかったでしょう。

九八年秋、ロシア危機が世界的な金融危機に発展したときは、いつもは慎重で市場の流れに逆らわないグリーンスパンが、意表をついて三カ月間連続で利下げを実施し、市場のムードを悲観から楽観へと変えてしまったのは驚くべきことでした。

三カ月間連続の利下げといっても、その合計はわずか〇・七五%です。それでも七〇〇〇ドル台前半で低迷していたニューヨーク・ダウは三カ月の間に二〇〇〇ドル以上上昇し、九〇〇〇円台を回復したのです。金利引き下げの効果以上に、心理的、ムード的効果があったことは間違いありません。

九八年秋の危機を乗り切ったアメリカ経済と株式市場は、IT部門を中心に急上昇し、ITバブルと株式バブルの時代に入っていきますが、二〇〇一年春頃から次第にそのバブルが崩壊していきます。その時期から、グリーンスパンの関心は、バブル崩壊後のアメリカ経済をいかにソフトランディングさせていくかに移っていきました。その後数回の金利引き下げで、FRB金利はかなりの低金利に落ち、グリーンスパンの打つ手はしだいに限られてきたように思えます。もはや、グリーンスパン・マジックを支えた金利高・ドル高という条件が崩れてしまったのです。

私はマーケットでの連戦連勝は続かない、成功は長くて一〇年だと考えています。ルービンはちょうどピークの時代に当局から身を引いて、大手銀行の会長に転身しました。いまなお市場からの信頼の厚いグリーンスパンも、神様ではない以上、いつかは市場から見放される時がくるでしょう。グリーンスパンとともに黄金の日々を謳歌したアメリカ経済も、この鉄則からは逃れられないのは、ローマ帝国以来の歴史の教えるところでもあります。

●長期予測と短期予測

市場の展開を読んでいくとき、現在の市場の流れが一過性のものなのか、あるいは中期的、長期的なものなのか、短期と長期の見きわめが重要です。私の場合、長期の予測はある種の歴史観を以て行います。

ところが、一週間や一カ月の短期見通しとなると、いろいろな市場の綾を見ていくしか方法はありません。これについては、プロ相場師の長年の勘のほうが、はるかに的確であることが多いものです。通常一年以内は短期、長期といえば五年、一〇年以上になります。

現在の長期の見通しとしては、アメリカのスーパーパワーに陰りが見え、ドル安傾向ということなのでしょう。しかし、長期の見通しは見通しとして、短期はまた、別に考えないといけません。長期の見通しによって短期の局面を判断するとかならず間違えます。

それはちょうど、高い頂上を目指す登山とよく似ています。遠くから見れば頂上までの道は一本の美しい山道のように思えますが、いざ登り始めると嶮しいアップダウンがいくつもあり、決して単調ではありません。

それどころか、途中で登山道が途切れていたり、急峻な断崖に遭遇することもあり、迂回ルートを探したり、登山を中止にしてしまうケースもあります。天候が突然変わることもあり得ます。歴史を知ること、それによって長期の見通しを得ることは、この山の概略だけがわかる、世界地図レベルの地図帳を用意するということかもしれません。しかし、ガイドブックはなく、自分で作らなければならない。ジョージ・ソロスの言うように人間はFallibility（誤謬性）を持つ存在ですから、現実の変化に合わせて自分の見方を絶えず見直し、訂正しつつ、長期の登山計画をたてるのです。

●二一世紀、中国とインドに注目せよ

かつてフランスの歴史家フェルナン・ブローデルは、世界経済における覇権の移動について、次のように語ったことがあります。

〈……それこそが私が世界―経済と呼んだものです。（中略）こうした世界―経済はひとつの都市を中心においています。ヴェネツィア、ジェノヴァ、アムステルダム、ロンドン、ニューヨーク。これらの世界―経済の中心のまわりに他のところよりも経済的な活気があり、問題は他と違った現れ方をします。

つまり、本当の資本主義は世界―経済の中心にしかないのです。中心地の変更をともなうような変化は、いつも経済危機を伴います。一九二九年の恐慌は、ロンドンからニューヨークへの移行でした。現在の危機も、どこかまだわからないところへの移行です〉（『フェルナン・ブローデル』「最後のインタビュー」新評論）

ブローデルはすでに四半世紀近く前に没していますが、彼が提起した「現在の危機」はいまも世界経済の最も重要な課題として残されています。一言で言えば、それは世界経済の覇権がどこに移るかという問題です。こういう大テーマになると、それこそある種の歴

史観に基づいて予測するしかありません。

その場合、一〇年単位の循環で見ていくのと、一〇〇年単位の循環で見ていくのでは、アプローチの仕方もかなり違ってきます。一〇年単位で見た場合、八〇年代は日本経済が活況期にあり、九〇年代は米国経済が一人勝ちという循環はたしかにありました。そこには株価に象徴されるように、「上がったものはかならず下がる」「下がったものはかならず上がる」という法則的なものが貫いています。

この一〇年単位の循環を包み込むのが、さらに大きな一〇〇年単位の循環です。小さな小川が集まって形成された大河のように、ゆったりとした流れの循環です。まさにブローデルのいう「世界―経済」はどこに動くか、という壮大な歴史の流れを思想することにほかなりません。

オランダ、グローニンゲン大学教授のアンガス・マディソンが著した『世界経済の成長史1820～1992年』(東洋経済新報社)によれば、一八二〇年における世界のGDPの総計は六九四七億七二〇〇万ドル(購買力平価で調整)ですが、一九九二年には二八兆三七〇〇万ドル(購買力平価で調整)と、およそ四〇倍に成長しています。

GDPの規模順にトップテンを見ますと、一八二〇年は、①中国②インド③フランス④

英国⑤ロシア⑥日本⑦オーストリア⑧スペイン⑨米国⑩プロシャの順でした。これが一九九二年には、①米国②中国③日本④ドイツ⑤インド⑥フランス⑦イタリア⑧英国⑨ロシア⑩ブラジルの順に入れ替わっています（一九九二年に中国が日本よりも上にいるのは、購買力平価で調整した数値のため）。

この統計で驚くのは、ほんの一九世紀の初頭まで、中国とインドは圧倒的な経済大国だったことです。世界のGDP総計に占めるシェアは、中国二八・七%、インド一六・〇%で、両国だけでじつに四四・七%を占めていたのです。このとき、英国は五・二%、米国は日本よりも下の一・八%にすぎません。この時代、世界経済の覇権は中国とインドが握っていたと言っても過言ではないのです。

ところが一九九二年になると、両国のGDPを合わせても、シェアはわずか一七・一%に下落します。この二〇〇年足らずの間に両国がいかにドラスティックに没落したか、この数字からもはっきりわかります。しかし、それでもなお両国は一九九二年のトップテンで、二位と五位の大国です。その底力、潜在的な力には、なお侮りがたいものがあるということでしょう。

実際、両国民の実力は今でも高く、一九九〇年代、米国のシリコンバレーは中国とインドの優秀な技術者たちによって支えられた時期がありました。当時、アメリカでは「ＩＣって知っているかい？　インド（ＩＮＤＩＡ）と中国（ＣＨＩＮＡ）のことさ」というジョークが流行ったといいます。両国民とも、アグレッシブで新しい環境に進んで身をゆだねていくチャレンジ精神があふれています。世界中の都市で華僑、印僑と言われる人たちが活躍しているのも、その国民性を抜きにしては考えられません。

　これからはしばらくデフレの時代が続くでしょう。かつて一九世紀の末がデフレの時代でした。当時も世界経済に新規参入した国々があり、日本はあまり大きくないけれど、アメリカ、オーストラリア、アルゼンチンの存在を無視できなくなった。アルゼンチン、オーストラリアの農産業、アメリカ南部の生産が飛躍的に増大し、農産物の価格が劇的に下がったわけです。それと同じようなことが、いま製造業、情報産業で中国、インドにおいて起こっている。これがデフレ時代の到来を告げていると思います。

　デフレのもう一つの要因は技術革新です。第三次産業革命のような形で、半導体をはじめ製品コストは大幅に下がり続けています。そこに中国、インド、ロシアなどの新規参入があるのだから猛烈なデフレ圧力となっています。

　人口から見ても、中国が一三億、インドが一〇億。現在、世界六〇億の人口のうち四割近くが両国民です。先ほどのアンガス・マディソンの資料では、一八二〇年の中国、インド両国の人口の合計は、当時の世界人口の五五・一%となっていますから、現代はゆっくりと二〇〇年前の姿＝中国とインドが世界経済の強大国に復帰しつつあるのかもしれません。ブローデル風に言えば、二一世紀中に「世界―経済」は北京あるいはニューデリーに移る、という可能性が見えてきたのです。

そういえば、九〇年代に進展したグローバリゼーションは、よくアメリカ一極支配と言われますが、じつは中国、インド、それに旧ソ連、東欧諸国がどっと市場経済に参入してきたことがポイントだったともいえるのです。

労働コストの安いこれらの国は、もともと伝統的にかなりの工業技術水準を持っていました。その技術蓄積のおかげで、多くの分野で、すでにかなりの製品を安く世界に供給し、シェアを獲得し始めています。これらの新規参入組の増加に加えて、先進国では技術革新とサプライ・チェーン・マネジメント等の導入で製造販売一体のコストダウンが可能になりました。グローバリゼーションが進むとき、世界はデフレになる傾向があるのです。

●歴史は常に繰り返す

有名な『平家物語』の冒頭は、次のような美しい音律のある言葉で語られています。

——祇園精舎の鐘の声　諸行無常の響きあり　沙羅双樹の花の色　盛者必衰の理をあらわす　おごれる者は久しからず　ただ春の夜の夢のごとし　たけき者も遂に滅びぬ　偏に風の前の塵に同じ——

世界経済の盛衰に思いを馳せていると、なぜかこの古典の言葉が脳裏に浮かんできます。なぜ盛者は必衰であり、おごれる者は久しからず、なのでしょうか。子どもの頃から理屈では理解できても、ストンと心底に落ちてこないものを感じていたのですが、この一〇年のあいだに、山一證券や北海道拓殖銀行、長期信用銀行、そごう、ダイエー、といった大手企業が破綻、もしくは破綻に瀕し、あの東京電力までもが原発トラブル隠しに躍起になっていたと聞けば、「盛者必衰の理」の意味が何の説明がなくても実感できてしまいます。

盛者必衰の理を日米の経済に当てはめてみると、すでによく語られていることですが、次のようになるでしょう。

――八〇年代まで日本経済を成長させてきた日本型システムは、九〇年代のグローバリゼーションに適応できずに衰退した。成功体験を捨てられず、構造改革を渋った結果、取り残されてしまったのです。

九〇年代は米国経済の一人勝ちとなったが、逆に市場主義的なものが膨らみすぎて、粉飾決算が起きた。インセンティブとして高い報酬を払ってきたことが、やがて報酬自体を自己目的化するような倫理の逆転を招いたのである。そこまでいけばインセンティブではなく単なる貪欲である。それが会計基準などアメリカ的システムの根幹を揺るがすようになれば、アメリカの繁栄も足下から崩壊する可能性がある――

洋の東西を問わず、システムはつねに環境の変化によって変えていかなくてはならないのに、変えたくないというイナーシャ(慣性)が働く。かくして「成功が失敗の最大の原因」という法則が生まれるのです。

私が国際金融局長として指揮を執るまで、通貨当局内には介入しても成功しないという見方が定説になっていました。そこで私たちスタッフは、なぜ介入の効果がないのか、あらためて原因を徹底的に分析した結果、それまでの介入における失敗の要因が浮き彫りにされたのです。すなわち、「①少額ずつ、②毎日のように、③市場に見え見えのやり方」

で介入していた小出し逐次投入作戦に問題があったのです。これではサプライズ効果がまるでないのは当然です。

そこで私たちが試みたのは、これとは反対に「①一回に大量の資金を投入する、②介入の回数を絞る、③市場にサプライズさせるやり方」で介入するということでした。介入の回数を減らせば、結果的に毎日小出しに介入するよりも資金的な負担は少なくてすみます。その上、介入回数を減らしたので、スタッフに集中力が生まれて、やるときは「よし、勝つまでやろう」という気力が横溢してきたから不思議です。

さいわい、この介入方法の転換は、市場のサプライズを生んで、それまでの円高が円安に反転し、大成功に終わりました。もちろん、その背景には、クリントン政権内で、円高誘導論のカンター通商代表から、「通商政策として為替レートを用いない」というルービン財務長官らに経済政策の実権が移ったという客観情勢の追い風もありました。私たちの新しい作戦が成功の唯一の理由でないことは百も承知です。それでも私たちスタッフは、その後の仕事に挑戦するための大いなる勇気を得ることができました。このささやかな経験からしても、「失敗に学ぶ」ことが、どれだけ重要なことであるか、おわかりいただけると思います

④ 知識の総量が創造性を左右する

●すぐれたディーラーはバイリンガル

さて、市場の流れを変えるような新しいファッションを創作するには、その前提として豊かな知識と市場経験が必要です。できるだけ広く深く世界を知らなければならない。そうなると、教育の問題がとても重要になります。

かつて私は、文部省の招聘で、大蔵省在籍のまま四年間、埼玉大学助教授を務めたことがあります。そして現在は慶應大学に身を置いていますので、教育問題について、かねてから議論してみたいテーマがいくつか、ありました。

中でも気になるのは、第一に英語力の問題です。日本人は海外に向けて発信するのが下手だと言われてきました。その根底には英語力の問題がある。アジアの国のリーダーでもいまアメリカの留学組が多いのですが、たとえアメリカに行かなくても英語がすごくできる人はたくさんいます。たとえば中国銀行総裁の劉明康は、大変な英語力の持ち主です。どうやって英語を覚えたかというと、文化大革命の「下放」(学生を地方の実践運動に従事させる）で農村に行き、沖縄から届くボイス・オブ・アメリカを聴いて学んだということです。この前日本に来て、「沖縄に行ってみたい、自分は沖縄からの電波で英語が話せるようになったからだ」と語っていました。

マレーシアのマハティール首相と会ったとき、彼は最後にやりたいと思っていることがいくつかあるという。その一つが、小学校から英語を教えること。マレーシアでも抵抗があって、マレー人はマレー語が大事、中国人は中国語が大事です。マハティールは全くの欧米ベッタリの政治家ではありません。しかし、英語ができなければもう生き残っていけない、しかも英語で数学とコンピュータ・サイエンスを教えるべきだと言っています。善悪はともかく、英語は英米の言葉ではなく、インターナショナル・ランゲージなのです。

為替市場をはじめ、世界の金融市場に関わる場で働こうと思えば、もはや英語を道具として使いこなしていく以外に道はない。とくに、ロンドン市場やNY市場でトレーダーとして仕事をしていく場合には、現地のローカル情報がどうしても必要になります。そのときに、いちいち通訳を交えていては相手から本音を聞き出すことはまず無理でしょう。

以前、よくアメリカ人をこんなジョークでからかいました。三カ国語を喋れる人をトライリンガルという。二カ国語はバイリンガルだ。一カ国語しか話せない人を何というか知っているか？　アメリカ人というんですよ、と。しかし、ここに多くの日本人を含めなければならない。アメリカ人の場合、英語が国際語だからいいが、日本人はどうにもならない。何とかしなくてはならないのです。

●「暗記・詰め込み」が創造性を育てる

第二は、ゆとり教育の問題です。二〇〇二年四月から、文部科学省は、ゆとり教育と称して初等中等教育を完全週休二日制にしてしまいました。これは国家百年の計を危うくする愚策としか言いようがありません。

ゆとり教育は、そもそも「詰め込み教育では子どもの創造力が育たない」という大いなる錯誤に基づいて発想されたものです。その論理をパソコンに喩えて言えば——従来の情報をただひたすら暗記させるだけの教育は、ただHDの記憶容量を大きくするだけで、その情報を自由に使って仕事をするCPU、演算能力とは別のものである。つまり創造力の涵養にはつながらない。だから自由に遊ぶ時間を作り、生活の中の豊かな情報に触れながら推理、推論、演算の能力を高めたほうがよい——という論理になります。

この立論は決定的に間違っています。まず人間の記憶力と創造力（論理構築力）を、まるでパソコンのように分離して考えていることがおかしいのです。私はあえて「暗記・詰め込みなくして創造力は育たない」と言いたい。創造とは知識と知識の組み合わせを新しく組み替えることであり、それを可能にする能力が創造力だと考えるからです。

たとえば夜空に映る星の数が五つしか見えなければ、その五つで星座を作るしかありません。しかし、何千もの星が目に映れば、その人は何百、何千の星座を発見することができます。この星の数こそが知識の量であり、星座を作ることは創造力にかかわることです。ルネッサンスの巨人レオナルド・ダ・ヴィンチが大変な博識家であったように、真に創造的な仕事をする人は豊富な知識を持つ博識家です。言い換えれば、知識の量と創造力は正の相関関係にあるのです。

ですから、知識は記憶力の確かな若いうちに詰め込んでおく。そのほうが将来、創造的な仕事をする人間が増えてくると考えるべきなのであって、ゆとり教育の導入で知識の詰め込みを怠ってしまえば、日本の未来は暗い。文部科学省は創造力と思いつきを混同していると思えて仕方がありません。

海外に飛び出して成功したファッション・デザイナー、料理人、音楽家といった人たちは大変な知識の持ち主です。たとえばチャイコフスキー・コンクールに優勝したようなバイオリニストは、西欧音楽を徹底的に学んで認められ、その上に日本の知識と感性を持っていますから、いわば西洋人の二倍の知識を持っています。

インドがコンピュータやソフトウェアに強いのは、IT関連の学校が山ほどあるからです。ネルーをはじめとする指導者がエンジニアリング・スクールを作り、エリート校があり、それを補完する学校もたくさんある。中国だってエンジニアリングに力を入れていて、毎年六〇万人はフレッシュなエンジニアが生まれているし、レベルも高いといいます。北京大学や清華大学がMITやハーバード大学と組んで共同研究をやっている。その共通言語はもちろん英語です。私が「日本も英語でそうした共同研究をすべきだ」と言ったら、日本に長くいるアメリカ人に「榊原さん、いまの学生は日本語もちゃんとできないよ」と言われました。これでは前途は真っ暗です。

⑤ グローバル資本主義を超えて

●アルゼンチン通貨危機の教訓

轟音とともに落ちていく河。吹き上げる水しぶき。もし、世界経済が崩壊するとすれば、この滝のように落ちていくのだろうか……そんなセンチメンタルなことを考えたのは、そこが金融危機で揺れるアルゼンチンとブラジルの国境上にあるイグアスの滝だったせいかもしれません。

私がイグアスの滝を訪れたのは、二〇〇二年五月、ちょうどアルゼンチンの金融危機が起こりはじめた時期でした。イグアスの滝はアルゼンチン側の町からも、ブラジル側の町からも展望できます。まずアルゼンチン側の町プエルト・イグアスに回ったのですが、この町はまるでゴースト・タウンです。人影がなく、あちこちに建設を中止した鉄骨だけのホテルが、無惨な姿をさらしていました。

ところが、ブラジル側のフォース・ド・イグアスという町に入ると、一転して人があふれていました。その多くは外国人観光客ですが、驚いたのはアルゼンチンからの買い出し客も多数含まれていたことです。よく聞いてみると、それもそのはず、物価はアルゼンチンで一〇〇円のものが、ブラジルでは五〇円、じつに半分の値段なのです。だから外国人観光客はみんなブラジルのホテルに泊まるし、アルゼンチンからも買い出し客がやってくるというわけです。

なぜそんなことになってしまったのか。じつはアルゼンチンは、カレンシーボード制という米ドルにペッグした厳格な固定相場制をとっていました。自国通貨のペソを対ドル平価で一対一に保ち、中央銀行の外貨準備高（米ドル）に応じて通貨発行量を調節するというシステムです。当然、外貨準備高が減れば、通貨の発行量は抑制されます。このシステムは、八〇年代の悪夢のようなハイパーインフレを抑制するために考え出されました。

このカレンシーボード制は、それなりに九〇年代のアルゼンチン経済の安定化に寄与したのですが、経済的実力にそぐわない面があって貿易赤字が蓄積し、とうとう二〇〇一年に、アルゼンチン危機が起きたのです。

一方のブラジルは、九八年〜九九年にかけての金融危機を乗り切り、通貨制度としてドルペッグ制から離れて変動相場制をとっています。二〇〇〇年には経済も持ち直して、順調に推移していましたが、アルゼンチン危機の影響で、ブラジルも危ないのではという連想が働き、ふたたび危機が起こりかけています。

先ほど述べたように、アルゼンチンとブラジルの物価の違いを目の当たりにしたとき、アルゼンチンのカレンシーボード制の崩壊は近いと直感しました。案の定、その後、アルゼンチン政府はペソ切り下げを企画しますが、IMF等の反対でそれもできないまま、アルゼンチンの混迷は深まるばかりです。

アルゼンチンは、かつては世界に冠たる大農業国家でした。それがいつの間にか老大国化し、自国の通貨への信頼も地に落ちてきてしまっている。国家としての自立が危うくなっているのです。

グローバル化はもはや誰も避けて通ることのできない時代の流れです。しかし、もし対応を誤れば、アルゼンチンのような状況に落ち込むことがあることに、私たちはもっと関心を持つべきでしょう。それと同時に、もともと西欧近代に生まれた「主権国家」、すなわち、領土と通貨は他国の侵害を受けない一地域という「物語」について考えさせられた旅でした。

●「市場対国家」後の世界

数年前、ダニエル・ヤーギンとジョゼフ・スタニスローの共著『市場対国家』（日本経済新聞社）が話題になったことがあります。原著の題は『The commanding heights』。直訳すれば「管制高地」ですが、レーニンはその前年に採択した「新経済政策（ネップ）」に対する党内の批判に反論して、こう語ったといいます。

「この政策では、市場が機能するのを許すが、『管制高地』は国が握っている」

ヤーギンとスタニスローの二人が、共著の題名をロシア革命のエピソードから持ってきたのには、ある特別の意図が感じられます。「管制高地」を制した社会主義官僚たちは市場を自由に統制するフリーハンドを手にしましたが、七〇年後には崩壊しました。国家による市場の統制に失敗したソビエットの経験を踏まえて、では今後、経済・社会の主導権を握るべきは、国家なのか、市場なのか、そのことを各国の歴史にそってもっと考えてみようというわけです。

この本の最後で、彼らは国家と市場の境界をどう定めるかについて次の五つの判断基準を持つことを提言しています。

①成果を上げているか（数値で確認できるＧＤＰ成長率などの経済指標）

②公正さが保たれているか（数値で確認できない倫理など）

③国のアイデンティティを維持できるか（多国籍企業の国の伝統への配慮）

④環境を保護できるか

⑤人口動態問題を克服できるか

この五つの基準をどうクリアしているかによって、市場の信任の質が決まるというものでした。歴史的には「市場対国家」という見方が有効であることは認めます。しかし二〇年前はあてはまった構図だけれど、九〇年代に入ってからは、市場対国家という対立概念だけで世界を見るのはもう古い。

九〇年代はＩＴ（情報通信）革命とともに世界的にグローバル化、市場化が進展しました。もはや国家は市場をコントロールできる存在ではない。むろん大きな存在ではあるけれど現在では「国家も市場のプレーヤーの一人」になってきたのです。「管制高地」にいても市場を統制できなくなった以上、政府は新しく政策を実施する場合、市場との対話なくして成功はおぼつかないし、たえず市場を通じて新しい世界経済について知ろうとしなければなりません。

そして、また、市場も万能ではありません。今後、国家を相対化した市場がどこに向かうのか、市場をある意味でモニターするグローバルな超国家システムができていくのか。二一世紀の世界経済の形がどのようなものになっていくのかはわかりませんが、市場と国家がヤーギンやスタニスローのいうように対立関係ではなく一種の補完関係に入っていくことは確かなように思えます。つまり、市場を知った国家や国際機関は市場をうまく補完できますし、また、市場もその補完メカニズムなしにはうまく機能し続けることはできません。この意味で、世界経済の流れを長期的に俯瞰しながら市場と向かい合い、これから学んでいく。これが私の出発点であり帰着点でもあるのです。

【コラム⑤】Love Affair with Chinese economy?

日本と中国は二〇〇二年に国交回復三〇周年を迎えました。日中の交流は、この三〇年間に人、モノ、カネのすべて面で飛躍的に拡大しました。貿易規模は、日本からの輸出は約三倍、輸入は約六倍に増えました。

中国への直接投資も増え、財務省の「対外及び対内直接投資状況」調査によると、二〇〇一年度の対中直接投資は一四億八三〇〇万ドルに達し、二〇〇〇年度実績の九億九五〇〇万ドルと比べると、じつに四九％増という過熱ぶりです。

中国への直接投資は、かつて改革開放政策の始まった一九七八年からの数年間、八七年から天安門事件の起きた八九年まで、あるいは九二年の鄧小平「南巡講話」から九五年までなど、日本企業の進出が加速された時期が何度かありました。それらはいずれも中国の安い労働力と外資優遇政策に惹かれてのものでした。

ところが昨今の進出ラッシュは、中国がＷＴＯに加盟してビジネス取引のルールを世界貿易のルール同一化させる方向が出てきたこと、ならびに品質の良い製品を低コストで製造する生産能力を飛躍的に高め、「世界の工場」として浮上してきたことを評価してのものといえます。進出企業の多くは、研究・開発機能は日本に残し、生産拠点を中国に移転するというパターンをとっています。

一部には、これを産業の空洞化だと言って問題視する人たちがいますが、日本の資本主義が高度化していく過程で必然的に起きてきたプロセスと見るほうが正しく、こうした時代環境に対応した付加価値の高い産業を新たに国内に創出して行くことが急務といえます。

中国市場の将来性に着目して、積極的に中国企業と提携関係を結ぶ企業は、今後ますます増えていくことでしょう。二〇〇二年には、三洋電機が中国最

図-4 対中国直接投資額と中国GDP成長率の推移

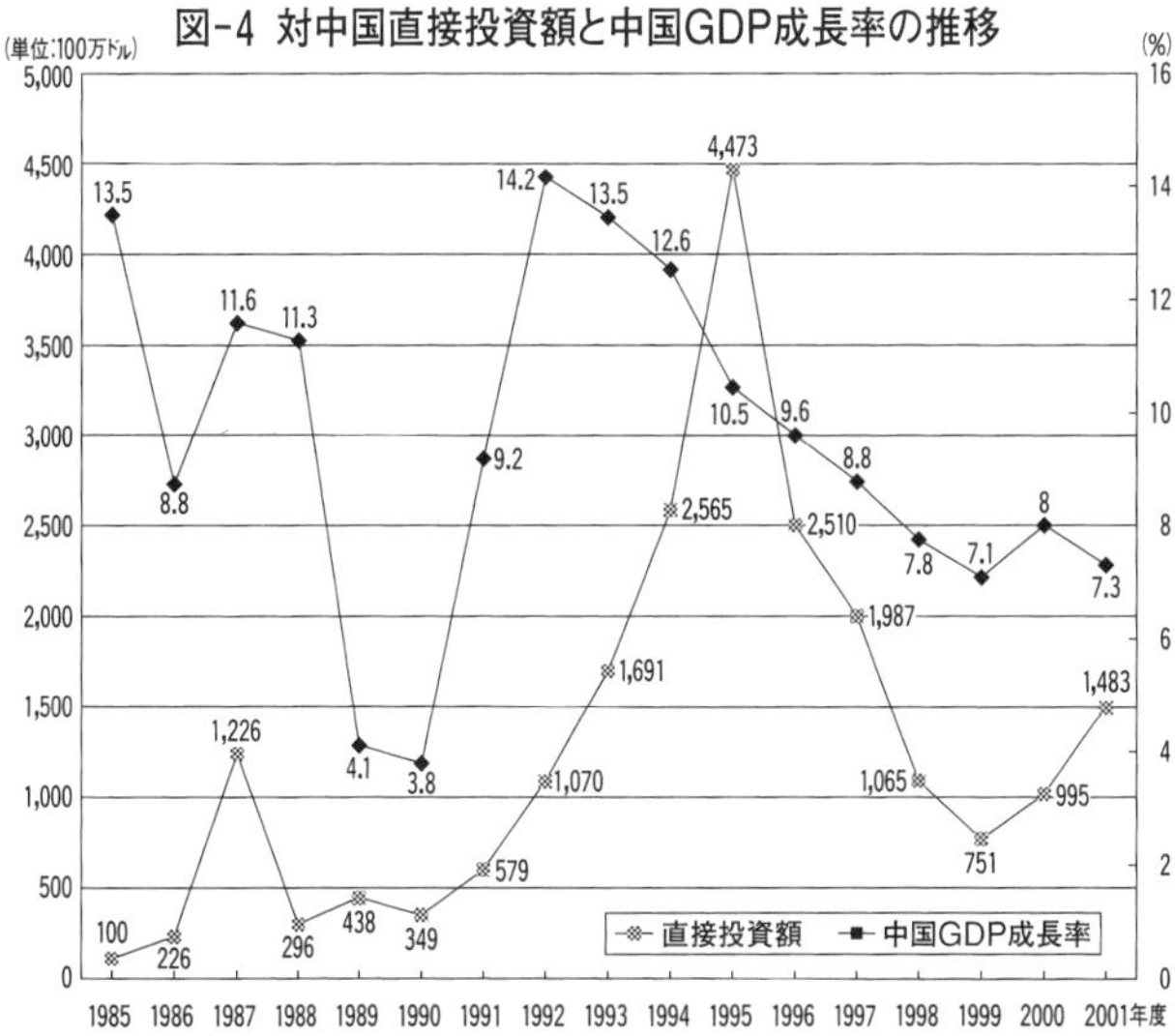

大の家電メーカー海爾（ハイアール）と全面提携したのをはじめ、トヨタも自動車も中国最大手の第一汽車と提携調印をしました。

二〇〇八年の北京オリンピックの開催も決まり、中国に本格的なインフラ整備とモータリゼーションが始まろうとする、まさに絶妙のタイミングをとらえた提携です。

中国の台頭を奇貨として、日本の経済政策もこれまでの発想を切り替える時機が来ています。企業の設備投資が海外にも多くを振り向ける時代になった以上、それを国内に引き戻すには、よほどの魅力的な政策が必要です。

例えば、三重県はかなりの補助金を出してシャープの工場を誘致しましたが、自治体レベルで内外の企業を誘致する努力が必要になってきています。産業クラスターをつくることができれば、その地域の雇用、所得が大きく上昇するからです。

あとがき

小泉総理、竹中大臣等が「改革」へのある種の情念をいだいていることはたしかなようだが、その発想、政策形成のスタイルが余りにも単線的で、異なった分析、別の角度からの意見に全く聞く耳を持たないのは大変気になるし、又、今のような経済情勢のなかできわめて危険だといわざるをえない。

もちろん、リーダーがその方針を示す時は、断固たる姿勢でこれを行い、外に迷いを見やることはあってはならないが、その意志決定のプロセスにおいては、あらゆる情報を集め、さまざまな角度から分析を行うことが必須である。そして、そういう場面でリーダーはグッド・リスナー（良い聞き手）でなくてはならない。本書で、名財務長官といわれたロバート・ルービンが「世の中たしかなものなど決して存在せず、すべての現象は確率論的なものである。」という哲学をもっていることを紹介したが、それ故、本当に正しい政策等というのはありえないということを、多くの断固たる決断を下した彼もわかっていたのである。その時点で、集められるだけ集めた情報を前提にすればベストだと考えられた判断ではあっても、新しい、今まで考えもしなかった情報が一つ入ってくれば、直ちに政策は変更しなくてはならない。東洋的に言えば「君子豹変」である。人間の持っている基本的哲学、あるいは、生き方等はそう簡単に変るものでも、変るべきものでもないが、政策や経営戦略は、新たな現実の展開があった場合には変更していかなくてはならないのである。

ジョージ・ソロスは、これを「開かれた社会」における人間の「誤謬性」という概念で語っている。為替市場に対峙するときも、政策を決定し、実行するときも、こうした、本当の意味での謙虚さが必要なのだが、どうも、小泉政権周辺には、この部分が決定的に欠けているように思える。もちろん、この本来の意味での謙虚さは、従来の足して二で割る形のバランス感覚とは異なる。ルービンもソロスも決断したあとは、激しく、断固たる動きをしている。彼等の謙虚さは、他人に対する配慮というよりは、むしろ知的謙虚さとでも呼ぶべきものである。小泉政権周辺だけではなく、多くの社会科学者、特に、エコノミストと呼ばれる人々にも、この知的謙虚さが欠如しているようである（言いたいことを言い続けている筆者こそ、謙虚さが欠けているのではないかと評するむきもあるだろう。しかし、人格的謙虚さと知的謙虚さは異なるのだということを認識してほしい）。これは、おそらく彼等が、それぞれが信じる経済理論をそこそこ普遍的なものだと信じていることによるのだろう。しかし、ヘーゲルも言っているように学問や理論は所詮、ミネルバの梟である。理論は、現実の展開にかなり遅れて精致化されていく。現実というものが限りなく豊かなもので、そこにこそ学問の原点があるのだということを忘れて、乾いた理論で現実を切ってしまうと、とんでもない政策分析や提言をすることになりかねない。竹中大臣の周辺には、どうも、こうした傾向が強いように思われる。学問や理論を生業としてきた人々が、政策提言、特に政策の執行にかかわるときは、自らが所詮、ペーパー・ドライバーにすぎないということを充分意識し、現場の人々の情報を徹底的に吸収し、慎重の上にも慎重に行動しなくてはならない。もちろん、このことは、例えば、不良債権処理問題等で断固たる行動を取るなということでは決してない。しかし、どんなに理論的には適切な戦略を持っていても、現場の重要な情報が一つ欠如していれば戦争は負けてしまう。しかも、現実の豊かさ、現場の重要さを充分意識できない参謀達には決して理論的にも適切な戦略はつくれない。ノモンハン事件の辻政信に、不良債権処理問題の竹中平蔵を重ねあわせるのは酷かもしれないが、現場を無視する、あるいは、知らない参謀という意味では、似たところがない訳ではないだろう。

リーダーが全知全能でない以上、彼がすべての分野の現場を知ることも、又、それに関して深い知識を持つことも不可能である。そのために、有能なスタッフやアドバイザーが必要なのだが、問題はリーダーがいかに有能かつ現場を知る人達を集められるかである。小泉政権の最大の問題は、彼が評論家風にわかりやすく問題を単純化できる人々を多く集め、現場を知り、かつ複眼で物事を重層的に見ることのできるアドバイザーをほとんど持っていないことにある。その結果起っていることが、いわゆる「丸なげ」現象である。経済を知らない首相が、市場や金融を知らない評論家エコノミストに不良債権問題を丸なげし、竹中大臣は、又、これを監査法人のコンサルタントに丸なげをする。どこにも、現実を複眼的に分析し、不良債権問題の銀行をこえた大きな拡がり、その重層的複雑さを分析しつつ、戦略をたてられる参謀が見あたらない。しかも若い、評論家エコノミストと監査法人コンサルタント達は、知的謙虚さを持ちあわせず、自らが信じるナイーヴで一方的な戦略で突っ走ろうとする。誰かがブレーキをかけるのかもしれないが、危なかしくて見ていられないという感じを強く持たざるをえない。

時節柄、あとがきは小泉・竹中批判になってしまったが、読者に本書を通じて、市場の持っている豊かさと面白さ、あるいは、その複雑さと恐ろしさを伝えられたとしたら、この小泉・竹中批判のポイントも理解してもらえると思う。要は、市場の重要さ、現実の豊かさを知ることによって、人間というもの、人間の知識というものがいかに貧弱で不充分なものであるかということを理解することなのである。知的謙虚さというキーワードを最後にもう一度強調しておきたい。

本書を書き下すにあたって、ジャーナリストの山口哲男さん、文藝春秋の平尾隆弘さん、大熊邦稔さんに大変お世話になった。心からの感謝の意を表したい。

二〇〇二年一一月八日

榊原英資

榊原　英資（さかきばら・えいすけ）
1941年東京都生まれ。東京大学経済学部卒、同大大学院修士課程修了。大蔵省に入省後、ミシガン大学で経済学博士号取得。97～99年財務官を務め、「ミスター円」の異名をとる。現在、慶応義塾大学教授。グローバルセキュリティ・リサーチセンター・ディレクター。著書に『進歩主義からの訣別』(読売新聞社)、『国際金融の現場』(PHP研究所)、『日本と世界が震えた日』『新しい国家をつくるために』(以上、中央公論新社)、『インドIT革命の驚異』(文春新書) ほか多数がある。

為替《かわせ》がわかれば世界《せかい》がわかる

2002年12月15日　第1刷
2002年12月25日　第2刷

著者・榊原英資《さかきばらえいすけ》

発行者・平尾隆弘　発行所・株式会社文藝春秋　東京都千代田区紀尾井町3-23　電話(03)3265-1211　郵便番号102-8008
印刷・精興社　製本・中島製本

Printed in Japan　ISBN4-16-359240-7